選抜入試の教科書

クラウドセンバツ
企画　西岡壱誠

星海社

269
SEIKAISHA SHINSHO

はじめに

この本は『選抜入試の教科書』というタイトルですが、みなさんは選抜入試というものをどれくらいご存じでしょうか？

「なんか最近増えているらしいね」

という程度の認識の人もいるかもしれませんが、はっきり言って、あと5年もしたら、一般入試で大学に進む人よりも選抜入試で大学に進む人の方が圧倒的に多くなります。それくらい今の大学受験は変革期に突入しており、選抜入試は急激に拡大しているのです。

たとえば、早稲田大学は推薦型選抜入試の募集枠を通常では考えられないスピードで増やしていて、なんと2026年までに全体の6割まで引き上げるという目標を掲げているほどです。現在は一般入試が6割ですので、その数字が逆転するということです。早稲田大学と言えば、やはり一般入試で合格する人が多いイメージがありますよね。それが逆転するわけですから驚きです。

他に、現在でも法政大学の入学者は3割以上が選抜入試ですし、それ以外の有名大学、MARCHや関関同立でも推薦の枠が増えているのが現状です。

それくらい、選抜入試は新時代の大学受験のスタンダードになる可能性を秘めているのです。

しかし現状、体系化された選抜入試の対策は存在しません。

世間のイメージとしては、「一般入試より楽」と考えられているわけですが、選抜入試の方が対策という点では非常に難易度が高いと言えます。

なぜなら一般入試のような、過去問の量や勉強時間などの具体的な指標がないからです。

一般入試であれば、「毎日何時間勉強すればいい」「これくらいの成績ならこの大学に行けるよ」といった指導が可能です。70年以上日本ではそういった指導がされていて、ほとんどの塾や学校に対応可能な人材がいます。

しかし、選抜入試はここ数年で急増しているわけですから、情報がほとんどありません。多くの学校や塾が「なんとなく」で対策しているのです。

この本は、そんな状態の選抜入試に一石を投じるために作られました。

我々クラウドセンバツでは、選抜入試対策の情報を集め、早慶上智・MARCH・関関同立・国公立をはじめとする難関大学の指導を年間300人程度に行っています。そして我々自身も、そんな推薦入試を勝ち抜いてきた大学生コーチが中心の集団です。

評定が低いところからMARCHなどの難関大学に合格した講師、英語資格を利用して早慶ICUに合格した講師、課外活動に参加して合格した講師など、それぞれの弱みを強みに変え、大学でやりたいことを明確にして将来の目標を書くことで、合格という結果を得ることができました。

だからこそ、選抜入試の合理的な対策をお教えできるのです。

この本が、みなさんが選抜入試というものを正しく理解し、多くの人が選抜入試という選択肢を真剣に考えるきっかけとなればと願っています。

目次

第0章

選抜入試とは何か

選抜入試の定義を再確認!

まず、選抜入試についての前提知識からみなさんにお話ししたいと思います。

大学に入るための入学試験の中で、今まで主流だったのが学力を測る試験を受けて合格を勝ち取る、いわゆる「一般入試」と呼ばれる形態です。ですが今、それ以外の選抜入試が増えてきています。ここまでは「はじめに」でもお話ししましたね。

ではみなさん、選抜入試とは一体、どのような試験形態か知っていますか?

「厳密な定義はわからないな。でも、AO入試とかよく聞くよね」
「推薦入試っていうのもあるし、総合型選抜というのも聞くし、どういう違いがあるのかわからない」

という曖昧な認識の人もいると思うので、まずは言葉の定義から復習しましょう。

選抜入試には主に2つの形態があります。学校推薦型選抜と、総合型選抜です。
「あれ? AO入試は?」と思うかもしれませんが、それは昔の名前です。2021年から名称変更が行われました。

推薦入試↓学校推薦型選抜入試
AO入試↓総合型選抜入試

と改められました。なので今では「AO入試」というものは存在せず、同じものが総合型選抜入試と呼ばれているのです。

もう1つの学校推薦型選抜入試は、言葉の通り学校からの推薦があって選抜される形態の入試を指します。逆に、総合型選抜入試は、学校からの推薦が必要ない形態の入試になります。これが2つの選抜入試の違いです。

それぞれの特徴を簡単にまとめるとこの通りです。

学校推薦型選抜入試（旧推薦入試）

↓学校長の推薦が必要で、「指定校推薦」と「公募制推薦入試」の2種類がある。

総合型選抜入試（旧ＡＯ入試）
↓学校の許可がなくとも自らの意思で出願できる。
↓一定水準の学力（各大学の実施する試験、共通テスト等の成績、英語資格やその他検定、評定平均値など）**が要求される。**

後者の公募制推薦入試は、その評価の基準が厳しいことが少なくありません。国公立に多く、専願であることも多いです。数年前から東京大学の入試でも推薦入試が導入されていますが、これも公募制推薦入試の形態です。

ここまで見てきたのが２０２３年現在の選抜入試のあり方です。ただ、まだ名称が変更されてから日が浅く、名前と入試方式が一致していなかったり、未統一だったりするケースもありますので注意してください。

選抜入試は多種多様！

ここまで選抜入試の分類を整理しましたが、これらの「選抜入試」は試験内容が非常に幅広いのが特徴です。

一般入試のように、「いくつかの試験でいい点が取れれば合格できる」というような明確な基準があるわけでも、「文系だと英語と国語と社会を問う」というような定番の試験内容が決まっているわけでもなく、必要とされるものが大学や学部によって本当に多種多様です。言い換えれば、「こうすれば受かる」という正解のルートが一概には言えないのです。

小論文を提出させて評価するものもあれば、グループディスカッションや面接を重視するものもあります。他の志望者の前でプレゼンをさせるものもありますし、共通テストの結果が大きく加味されるような一般入試に近いものもあります。「選抜型」「対話型」「実技・体験型」などの分類があるにはあるのですが、正直その枠組みだけで語れるものではありません。

中でも一番難しいポイントは、同じ大学であっても、それぞれの選抜入試によって課される試験内容も求める学生像もまったく変わってくることです。

一例を挙げると、早稲田大学の文化構想学部にはＪＣｕｌＰ（Global Studies in Japanese Cultures Program：国際日本文化論プログラム）という特殊な選抜入試形態があります。これは日本人の学生15人と海外からの留学生で構成されている、「海外の留学生と関わりたい、日本の文化を世界に発信したい」という人に向いているプログラムで、それに沿った選抜入試になっています。英語の志望理由書を書く必要があって、国際社会に興味があるかが問われます。

一方で、同じく早稲田大学の社会科学部では全国自己推薦という選抜入試が行われていますが、これは、地方ごとに枠が設定されています。つまり、住んでいる場所が「田舎」であればあるほど競争率が低く有利になります。そして、面接よりも自分の住んでいる地域に関連した小論文の方が重視される傾向があります。これは英語で書く必要はありません。

このように、同じ大学であるにもかかわらず、学部によって入試の形態は大きく変わってくるわけです。

それゆえ選抜入試では一般入試よりもはるかに情報収集が重要となり、事前準備の仕方によって合否が大きく変わってきます。

次は、そんな選抜入試にどのように対応するか、戦略を論じていきたいと思います。

選抜入試は戦略が8割

ここではっきり申し上げておきますと、**選抜入試は相性の入試です。**

選抜入試の攻略で大事なのは、自分と学部との相性を見極めた上で適切な入試に出願することです。大学、学部側の求める人物像を理解し、自分の適性をよく考えて合っている学部を選び、時には求められる人物像に自分を合わせていく必要があります。

この「相性」というのは、恋愛に例えるとわかりやすいです。

みなさんにも「恋人に求める条件」というものがありますよね？

「身長が高い優しい男の子がいい！」

「可愛い系の話の面白い女の子がいい！」

など、みなさんにも人それぞれ、相手に求めるものがあるはずです。

そしてみなさんが「こういうタイプが望ましい」と思うのと同じように、大学・学部側もそれぞれ求めるタイプがある、「こういう学生に入ってほしい」という個性があるわけです。

恋愛であれば、今はマッチングアプリがあります。「自分はこういう人とつながりたいです」という理想と、「自分はこういうタイプです」という現状の2つを明確にすることで、相性のよさそうな人を紹介してもらえますね。ただし選抜入試には、相性のよい学部を紹介してくれるサービスはありませんので、きちんと自分で情報収集をする必要があるのです。

選抜入試で相性が大事だと実感できるエピソードをお話ししましょう。仮に、こんな2人が選抜入試を受けたとします。

Aさん：評定は3・5、英検準1級、水泳部の大会でそこそこの結果を残している
Bさん：評定は3・5、英検準1級、水泳部の大会でそこそこの結果を残している

要するに、2人ともほとんど同じような条件だと思ってください。でも、2人が同志社大学を受験し、片方は合格してももう片方は不合格になってしまいました。「同じ実力であるにもかかわらず片方が受かって片方が落ちる」というのは、一般入試ではなかなか考えにくいことですが、選抜入試ではこういうことがザラに発生します。

この2人の違いは、受験した学部でした。

Aさん：「スポーツ健康科学部」を受験
Bさん：「心理学部」を受験

「え、学部によってそんなに合否が分かれるの？」と思った人もいるかもしれませんが、実際にはこの場合、片方が落ちて、片方は受かりました。どちらが合格したか、みなさんにはわかりますか？

正解は、「スポーツ健康科学部」を受験した方が不合格、です。

「スポーツ健康科学部」のアドミッション・ポリシーを読んでみましょう。ここには、「優れたスポーツ競技成績」かつ「英語によるコミュニケーション能力」を求めている、と書かれています。

この場合の「優れたスポーツ競技成績」は、全国大会で結果を残すなど、かなりいい結果でないといけません。しかしAさんは水泳部の実績が足りず、受かりませんでした。


一方で合格したBさんは「人間関係学部心理学科」を受験していましたね。この「人間関係学部心理学科」の入試要項を読むと、「顕著な受賞歴や成績をもたなくとも、心理学部への志望動機がこれまでの取り組みと結びついていることを条件とし、出願資格を満たすものとする」とあります。つまり先ほどとは違って、水泳部の実績が必要ないわけですね。

逆に、スポーツの経験を活かしつつ心理学科で勉強したい、という話は高校までの活動と志望動機がマッチしているので、試験官からの評価が高いと想像できます。

だから、同じ条件であるにもかかわらず、Bさんの方が合格できたわけです。


さて、この話からわかってもらいたいことは、選抜入試は大学・学部・方式選びの時点で結果が80%決まるということです。どれくらい自分にマッチした学部を選べるかによって合格不合格は本当に大きく変わってきてしまうのです。

選抜入試は逆転合格の可能性を広げる

さて、選抜入試の仕組みや概要はわかってもらえたと思うので、今度はこれを読んでいるみなさんに「選抜入試をどのように捉えて、活用してもらいたいか」についてお話ししたいと思います。

結論から言うと、この本を読んでいるみなさんには、

「選抜入試は、うまく活用すれば大逆転合格も夢じゃない、可能性あふれるものである」

こう思ってもらいたいのです。ぜひ選抜入試で自分の可能性を広げてほしいのです。

ここで、クラウドセンバツ塾長、河上の例を述べましょう。

河上は、学力的にはそこまで高くない高校に通っていました。またその高校で、そこまで成績も振るわない状態でした。

そんな中で高校2年の5月、三者面談で先生に「どこの大学に行きたい？」と聞かれ、

こう答えました。

「自分はMARCHに行きたい」

すると、周りの大人はこう言いました。

「今の実力だと、今から毎日6時間以上勉強しないと無理だよ」

「MARCHは同世代120万人の上位10%しか入れない。だから、今のままでは確実に難しいよ」

確かにこれらの言葉は正しいです。それくらい勉強しないと偏差値60の壁は突破できませんし、もし模試で偏差値60になったとしても、行きたい大学・学部に合格できるかどうかはわかりません。

しかし、そんな中で河上は、総合型選抜入試を受けることにしました。

高校3年5月に受験する大学・学部・方式を決定し、6月からは課外活動と小論文対策を開始しました。学校の評定は2・5しかなく、そこまで成績も芳しくありませんでしたが、それでも選抜入試に絞った勉強をしたのです。

7月時点でMARCHの模試ではE判定でしたが、英検準1級を取り、課外活動にも精力的に励みました。

自分の強みを活かした入試

河上の弱みは評定の低さでした。あとでお話ししますが、評定が低いと総合型選抜で合格の可能性がある大学の数は少なくなってしまいます。たとえば早慶の合格は絶望的です。そのため、学校推薦は難しいと判断し、自己推薦での合格を考えた方がいいだろうという戦略を立てました。

そしてそれ以外にも、評定の低さを別のものでカバーできるような受験を考えたのです。中央大学法学部の英語運用能力特別入試は、受験に英検準1級が要求されます。英検準1級を取れる人は少ないため、倍率が1・2倍程度と低いのです。これだと評定の低さを英検でカバーできるわけですね。このように、自分の強みを活かした大学受験をしていった結果、中央大学や明治大学、学習院大学や日本女子大学など、受験したすべての学部に合格できたのです。7月時点でE判定なので一般入試だったら絶対にあり得ない結果だと思いますが、選抜入試の結果は全勝だったのです。

このように、選抜入試をうまく活用すれば、一般入試では考えられないような逆転合格の結果を得る可能性があるのです。この本を読んで、自分に合った戦略を立てて、ぜひ多くの人に逆転合格を勝ち取ってほしいと思います。

選抜入試の具体的な対策

この本では、3つのステップで選抜入試の対策を考えていきます。この3つのステップは、とにかくやってほしい、もっと言えばやらないと合格できないので、ぜひ実践してください。

そのステップとはこの3つです。

①**自分の強み分析**：「あなた（受験生）の強みは？」
②**志望校が求めている人材分析**：「志望校が求めている人材は？」
③**自分が適切な人材であるという証明**：「あなたがその学部に合う人材である理由は？」

「その学部での学びを生かし、何を達成したいのか？」

みなさんはスマホで地図を使ったことはありますか？

使ったことがない人は、電車の乗り換え案内でも車のカーナビでもいいので、とにかく「どこかに行くときに使うツール」を思い浮かべてください。

どんなツールを使ったとしても、多くの人が「どこかに行きたい」と思ったら、3つのステップを経てその経路を考えることでしょう。

まずは、現在地を入力すること。

みなさんが東京駅にいるなら「東京駅」と、香川県にいるなら「香川」と入力することで、現在地情報を入力しますよね。

「今、自分がどこにいるのか」がわからないと、どこかに行きたくても迷子になってしまうはずです。

東京に行きたいとき、自分が北海道にいるなら南に行けばいいとわかります。大阪にいるなら東に進むべきです。

逆に、自分がどこにいるかわからない状態では、どうすることもできず困ってしまうと思います。だから今いる場所がどこなのかを知る必要があるのです。

それと同じで、選抜入試を受けるにあたってはまず、自分の強み・弱みを理解することが必要です。自分の持っているものはなんなのか、自分はどんな大学に刺さる強みを持っているのか、自分は他の受験生と比べてどんな弱みがあるのかを明確にするべきなのです。

次にやるのが、目的地を入力することです。

どこに行きたいかを考えて、入力するということですね。富士山に行きたいなら「富士山」と、北海道に行きたいなら「北海道」と入力し、目的地を決めるわけです。

このとき、目的地がなかったらどこにも行くことはできません。「うーん、ここら辺をブラブラ……」なんて考えていたらいつの間にか富士山の頂上だった、ということはまずありません。富士山の頂上に行きたいのなら、「富士山の頂上」と目的地を具体的にしておく必要があるのです。

特に選抜入試では、どこの大学の、どこの学部を目指すのかを明確にする必要があります。同じ大学であっても学部によって求められる能力は全然違っていますし、入試形態も、実践しておいた方がいい課外活動も、まったく変わってきてしまうのです。

学部レベルで、どの大学を受けるのか、明確にする必要があるわけです。

そして最後に、ルート案内です。

現在地と目的地が入力できたならば、あとは「そこまでの道のり」「最短距離はどういう道か？」が自《おの》ずと理解できるようになるはずです。そして、そうなれば逆に「こっちの道は行かない方がいい」「これは無駄な努力になってしまう可能性が高い」という選ぶべきでない道も同時に理解できるようになります。

選抜入試の3ステップの中でも難しいのが、このルート案内です。自分が志望する大学の求める人材であるとアピールするにはどうすればいいか、ということです。

「自分は国際的なものに関心があります！」

「貴学も国際的な人材がお望みですよね！」

と言ったとしても、自分が本当に国際的な人間であると、具体的な経験で証明できなければ説得力がありません。選抜入試において重要なのは、この「自分は志望校が求める人材である」と証明するための準備なのです。

ここまでの話をまとめると、「選抜入試はこの3ステップで決まる」ということです。


「自分の現在地」を入力するように、自分の強みを分析する。

「行きたい場所」を入力するように、志望校が求めている人材を分析する。

「この2地点の経路」を考えるように、自分がその人材であるという証明を作る。


本書では、このステップをそれぞれの章で詳しく論じています。

第1章「自己分析」では、自分の強みを見つける方法と、それを伝える方法を述べています。

第2章「各大学が求める人材と、自分に合った志望校の分析」では、志望校が求めている人材を見極め、自分に合った志望校を探す技術をお教えします。

第3章「試験対策：自分が適切な人物であることの証明」では、志望理由書や小論文、面接といった実際の課題ごとに、大学が問いかける「あなたがこの学部にふさわしい人材である理由は?」「この学部での学びを生かし、何を達成したいのか?」といった質問への答え方を見ていきます。この第3章までがいわば理論編です。

そして第4章「選抜入試の合格者はどのように合格したのか」では、我々クラウドセンバツが送り出した選抜入試の合格者がどのように合格に至ったのかを、実際に大学に提出した書類やインタビューをもとにご紹介します。最後の付録「合格者の実際の志望理由書」では、さらに踏み込んで実際に大学に提出した志望理由書も掲載しました。実践編というべき第4章と付録では、選抜入試のリアルをみなさんにご覧いただければと思います。

総合型選抜のよくあるQ&A

ここで本章の最後に、総合型選抜入試についてよくある質問にまとめてお答えします。第1章からは体系的に選抜入試の攻略法を解説していきますが、その前にみなさんの多くが疑問に感じていること、知りたいことについて個別に見ていきたいと思います。

総合型全体のQ＆A

穴場の大学はある？

↓みなさんの状況によって、「穴場」の大学がどこかが変わってくるので一概には言えませんが、穴場の大学はあります。たとえば、定番ではありますが女子学生には女子大学が穴場の大学となりえます。また、東京以外の大学は比較的競争率も低い傾向にあるため、横浜市立大学や南山大学、立命館アジア太平洋大学など、東京以外でＭＡＲＣＨレベルの評価を得ている大学も穴場と言えます（各大学の特徴について詳しくは第3章）。

公募制と総合型、ＡＯの違いってなに？

↓公募制推薦は学校長の推薦状が必要で、合格後に辞退することができない入試方式です。それに対して、ＡＯ入試は基本的には学校からの推薦は必要なく、併願が可能な大学もありました。ＡＯ入試の名称が変更されたのが、現在の総合型選抜です。公募制推薦は専願になるため、倍率が低くなる傾向にあります。

理系の選抜入試のメリットやデメリット、注意点は？

↓理系の選抜入試は文系と比較して倍率が低い傾向にあります。ほとんどの大学で学力試験が課されるため注意が必要ですが、1科目（もしくは2科目）に絞って対策ができることは大きなメリットでしょう。

総合型選抜入試に向いているのはどんな人？

↓自分の将来の明確なビジョンを持っている人が合格しやすいです。大学が求める学生は「卒業後に社会で活躍できる学生」です。いかに成績がよく勉強ができても、それを社会で活かせなければ大学にもメリットはありません。したがって、将来の目標を達成させるために大学という「手段」を利用する、というスタンスを持っている人ほど受かりやすいと言えます。

どのように情報収集すればいい？

↓基本的に大学のホームページに入試要項が掲載されています。入試要項に記載されている受験資格、日程、試験内容を熟読しましょう。その他の情報は大学説明会やオープンキャンパスなどに参加し、担当の職員に質問するとよいです。

部活や一般の対策で忙しいが、どのように対策を進めればいい？

↓総合型の対策に必ずしも1日の大半を費やす必要はありません。1日1時間弱の時間をとり、願書の作成や小論文対策を行うのがよいでしょう。実際の合格者のスケジュールについては第4章で説明しています。

面接のQ＆A

面接でよく聞かれる質問や、必ず聞かれることはある？

↓志望理由、高校時代に力を入れたこと、自己PR、最近気になるニュースなどは一般的にどの大学でもよく聞かれる質問です。面接対策として、これらの質問への回答を準備するようにしましょう。

「あなたが入学することで大学にどのようなメリットがあるか」という質問の答え

方を教えて！

↓「自分の強みがどのように大学教育の質や他の生徒の学びに貢献するか」を説明しましょう。この質問に答えるときは、①自分の強み、②強みを裏付けする経験、③強みを活かした大学での学習計画、④大学での学習がどのように大学や社会に貢献するのか、の4要素を順番に話す必要があります。詳しい考え方は第3章で解説しています。

小論文のQ＆A

小論文はどんな対策が必要？

↓小論文にはいくつかの対策が必要ですが、その中でも大きく3つのポイントがあります。まず1つ目は、書く力をつけることです。「4部構成」などの論理的に書くための文章の型に沿って練習し、先生に添削してもらうのがよいでしょう。

2つ目は時事問題の知識をつけることです。新聞や政治経済の教科書を読むことのほか、NHKやYoutubeなどでドキュメンタリー動画や討論番組を見ることも勉強になります。

3つ目は文章の読解力をつけることです。多くの大学では「テーマ型」の小論文に限らず、長文が与えられ、その趣旨を踏まえた上で自分の考えを述べる「長文読解型」が出題されます。長文読解型の力をつけるためには、現代文の勉強と同様に長文問題の演習を繰り返し、読解力と語彙力をつけていく必要があります。

作文（読書感想文等）が苦手な学生は小論文入試に挑戦できる？

↓できます。小論文は作文とは違い、答えのある文章です。ルールや構成を理解し、時事的な知識をつけることさえできれば、誰でも書くことができます。

第1章

自己分析

さて、ここからは自己分析の章です。

自分のことを知らなければ、選抜入試での合格はありえません。今までの自分を振り返り、自分のやってきたこと・これからしたいことを考えましょう。

自己分析には2つの要素があります。過去の分析と、未来の分析です。過去の分析では、これまでの人生を振り返ることで現在の自分がどんなふうに形作られているのかを考えます。そして未来の分析では、そんな現在の自分がどんなことをしたいと考えているのか、自分の未来について考えてみます。この2つを通じて今の自分がより立体的に見えてくるのです。

過去の分析

まずは過去の分析から始めましょう。過去の分析は、3つのステップに分けて行うのがおすすめです。

ステップ1 過去のライフイベントを思い出す

最初に、今までの人生で経験してきた出来事を思い出し、書き出していきましょう。

普段から自分の過去について考えている人は多くはないでしょうから、いきなり思い出せと言われてもなかなか難しいと思います。時間をかけてゆっくり過去を振り返っていきましょう。「この出来事が私の人生を変えた!」という思い出があればそれは嬉しいことですが、なかったとしてもまったく問題ありません。

また、思い出したライフイベントが端から端まで真実である必要もありません。記憶の中で若干脚色されていたり、美化されていたりしても大丈夫です。おおよそ10個くらいを目標に、大きなライフイベントを思い出してみましょう。

しばらく考えてみて、あまり思い浮かばない、考えが詰まってしまった、という人のために、いくつかのヒントを示したいと思います。

時間から思い出す……中学生のとき、高校生のとき、受験のとき、部活のとき、生徒会のとき

場所から思い出す……自宅で、学校で、地元で、旅先で

人間関係から思い出す……家族と、友達と、先生と
気持ちから思い出す……嬉しかったこと、悔しかったこと

ステップ2 過去のライフイベントを深掘りする

続いて、それぞれのイベントを深掘りしてみましょう。

一体どういうイベントだったのか、そのイベントによって自分はどのように変化や成長をしたのか、言葉にしてみましょう。困難を乗り越えて成長した、仲間の大切さを知った……などなど、そのイベントを中心に置いて、あなたの人生を語ってみましょう。

また、そのイベントを通して得られた教訓などを考えてみるのもいいと思います。たとえば、「生徒会で学校行事の運営を行ったが、周りの人の意見をあまり聞かなかったので、成功はしたがみんなで喜ぶことはできなかった。これからは周りの人の意見をしっかり聞いて、みんなで力を合わせて取り組むことが大事だと感じた」といった具合です。それぞれのイベントに自分なりの意味を持たせることができたら、このステップはクリアです。

深掘りが難しければ、満足度を考えてみてもよいでしょう。もちろん、なんとなく決めてもらって構いません。「すごく心残りがあるからマイナス100%」とか、「ちょっとし

た嬉しさがあるイベントだったから50％」というように、感覚で結構です。

ステップ3 過去のライフイベントをカテゴライズし、自分の価値観を考える

最後に、ここまでに書き出していただいたそれぞれのイベントをカテゴライズしていきましょう。カテゴライズすることによって、あなたが大切にしている「価値観」が浮かび上がってきます。「周りの人を喜ばせることが好き」であるとか、「他人と意思疎通できないことが苦痛だ」というように、あなたを突き動かす原動力がぼんやりと見えてくるはずです。

自分はどんなときに嬉しいと感じるのか？
どういったものを悲しいと感じるのか？
自分が幸せを感じるのはどういう瞬間か？
やりがいを感じるのはどういった物事なのか？

価値観を明確にする上でのヒントとなる判断基準はいくつかあります。今からお伝えす

る4つの基準を参考にして、書き出したイベントを分類してみてください。あなたが何を基準にして物事を判断しているのかがわかれば、その背後にある価値観も自ずと見えてきます。

A 正しいか否か　道徳的・規範的判断

1つ目は、物事を社会的なルールや道徳と照らして「正しいこと」なのか、社会的なルールに合っているかどうかで判断する、という基準です。

「生徒会の活動中に、先生が自分たちの活動を不当に制限しようとしてきたので、その制限は正しくないと思って戦った」という人であれば、先生の「正しくなさ」に反対したことになりますよね。その人は、「正しいかどうか、社会的・道徳的なルールに合っているかどうか」を基準に判断したのだとわかります。

人によって、物事が「何と照らして」正しいと感じるかは変わってきます。前例や社会的なルールであることもあれば、アカデミックな考え方・主義であることもあるでしょう。いずれにせよ、自分が正しいと思ったものを信じて活動した場合は、ここに分類できます。

B

良いか悪いか　社会的・保護的判断

2つ目は、自分の中の価値観や、多くの人の価値観の中で、物事が「良いこと」なのかどうかで判断する、という基準です。

「高校時代にボランティア活動に精を出した。海の生物たちが人間の行いによって生きられなくなってしまうのは良くないことだと思ったので、環境保護のボランティア活動に取り組んだ」という人であれば、自分の中の「良いこと」を実践しようとしたのだと考えることができますよね。海が汚れているのは「悪いこと」で、綺麗にすることは「良いこと」だったわけです。この人は「良いことかどうか」を軸に判断したのだと言うことができます。

先ほどと同様に、何が良くて何が悪いのかは人によって違います。環境にとって良いか悪いかを考える人もいれば、より多くの第三者にとって良いか悪いかで考える人もいます。また、弱者やマイノリティに対して良いか悪いかを考える人もいるでしょう。

C 適切か不適切か 合理的・論理的判断

3つ目は、それが「適切なこと」なのかどうかで判断する、という基準です。こういう人は論理的で、分析的に考えて物事が適切なのか不適切なのかで判断する場合が多いです。「選挙で日本の若者の投票率が低いという問題を解決するために、有効な解決策である主権者教育があまり行われていないと感じたので、主権者教育のための課外活動を行った」という人について考えると、問題に対する「適切な」手段を考えてそのために行動した人だと解釈することができます。客観的に分析して、合理的な考え方で判断する人だとわかるのです。

Aの「正しいかどうか」で考える人との違いは、社会的・道徳的なものを大事だと思うかどうかです。「社会のルール」が先にあるならAで、「合理」が先にあるならCです。何か前例と異なることをしようとするとき、「ルールでそう決まっているから、慎重に進めるべきだ」と社会的規範を重視するならAで、「合理的に考えてこれは間違っていると思うから、前例と違っていても積極的に進めるべきだ」と考えるならCのタイプです。

D
好きか嫌いか　創造的・積極的判断

最後は、「好き」なのかどうかで判断する、という基準です。「快か不快か」と言い換えてもよいでしょう。物事を判断するにあたって好きか嫌いかで考える人や、自分の中でその方がかっこいいかどうかで考える人に当てはまります。

「自分は子供に勉強を教えたり、一緒に考えて自分で答えが出せるところまでサポートしたりするのが好きなので、子供への教育活動をしている」という人は、その行為が「好き」だからやっているわけですね。

「年上が子供に勉強を教えることは社会的に正しいから」でも、「子供に勉強を教えるのは良いことだから」でも、「自分が子供に教えるのは適切だから」でもなく、ただ「好きだから」やっている。Cの客観的な判断軸とは逆に、こういう好き嫌いの判断軸で行動する場合もあると思います。

さて、あなたがライフイベントの中で取ってきた言動は、ここまで挙げてきたどの判断基準に近いでしょうか。

A　正しいか否か　「何と照らして正しいと考えることが多い？」

B　良いか悪いか　「何にとって良いか悪いかを考えることが多い？」

C　適切か不適切か　「どんな問題に対して思いを向けることが多い？」

D　好きか嫌いか　「どんなことをしているときが一番楽しい？」

自分のライフイベントを深掘りすることで、自分がどんな人間なのか、自分の大切にしている価値観が見えてくると思います。

そうするときっと、自分が何をしたいのか、将来どんなことをしたいのか、考える手がかりになるはずです。自分の過去を分析することが、未来を分析することにもつながるのです。

未来の分析

さて、ここからは未来の分析です。「自分は何がしたいのか」を深掘りして、自分の未来を考えていきましょう。

未来を考えるにあたって、象徴的な質問が1つあります。

「みなさんは、何をするために大学に行きたいですか？」

という質問です。みなさんはどう答えるでしょうか。

今この本を読んでいる高校生の方にとって、この質問は難しいかもしれません。しかし、大学入試では容赦なくこの質問が投げかけられます。究極的には「この質問しか聞かれない」と言ってもいいくらいです。

「あなたはどんな高校時代を過ごしてきましたか？」と聞くのは、「あなたは過去に、何がしたくてどんな行動をしたのですか？」という、過去の「やりたいこと」を問うのと同義です。

「あなたはなぜこの大学・学部を志望したのですか？」と聞くのは、「あなたは今後、何がしたくてこの大学・学部を志望したのですか？」という、現在の「やりたいこと」を問うのと同義です。
「あなたは大学卒業後、どんな将来設計をしていますか？」と聞くのは、「あなたは将来、どんなことがしたいのですか？」という未来の「やりたいこと」を問うのと同義です。

究極的には、大学から聞かれることは「あなたは何がしたいのか」という問いでしかありません。ですから、ここでこの問いの答えを明確にしておけば、他の質問に対してはいくらでも対応が可能になるのです。選抜入試の核心をしっかりと固めておくことで、どんな大学に対して、どのようなプレゼンをするのがベストなのかもやがて自然と見えるようになってきます。

未来の分析では、自分がやりたいこと、自分が理想とする状態を明確にしていきましょう。先ほど「過去のライフイベントから将来の方向性を考えてみよう」という話をしましたが、その方法を具体的にお伝えしていきます。

「手段」と「目的」を混同してはいけない

さて、将来の計画を考えるときに一番重要なのは、「遠くから考えてみる」ということです。

我々が考えやすいのは近い未来です。「明日は何時に起きようか」とは誰でも考えられますよね。しかし、近い未来から考えていくと、遠い未来のことを予想するのがだんだん難しくなってきます。なので、未来の計画を立てるときにはまず遠い未来の大きな目標から考えて、逆算して近い未来の計画を立てていくべきなのです。

具体的な例で考えてみましょう。夏休みに「明日、夏休みの宿題をどれくらい進めようか」と計画を立てるとします。なんとなくで考えて「とりあえず課題を1日3ページ進めよう」と計画したとして、これは正しいでしょうか?

答えは、「遠い未来」から考えなければわかりませんよね。

たとえば残り30ページの課題で、夏休みはあと10日だったとしましょう。1日に3ページ進めていけば終わるわけですから、この場合はこの分量で正しいです。しかし、あと300ページ残っているのであれば、1日30ページやらなければ終わりませんよね。3ページ終わらせるのは正しい計画だとは言えないでしょう。

この場合、夏休みの終わりという遠い未来を意識しないと、明日の計画を正しく立てられないのです。

同じように、大学生活や就職でも、「その先の未来」を意識しないと未来計画の意味がないんですよね。もし「卒業と同時に会社を作って経営しよう」と考えているなら、大学在学中に会社経営の知識をしっかり学びたいと思い、そのための大学生活を過ごしますよね。あるいは「将来は日本文化を全世界に発信していきたい」と考えているのであれば、そのためにどんな就職先を選べばいいか考えますよね。

この遠い未来から逆算する意識があって初めて自己分析は完結します。

我々が生徒を見ていて、よくある「勘違いしているな」と思うパターンは、「手段を目的にしている人」です。

仮に「将来は日本ロレアルという会社に入って、化粧品を世界に売っていきたい」と言っている人がいたとします。この人は一見すると自分の目的、やりたいことを語っているように見えますが、実は手段を語っているだけで最終的な目的については言語化できていません。

つまりこの場合、「化粧品を国際的に売っていく」ことによって、何を起こしたいのかが見えてきませんよね。この人の考えが「日本の技術力を化粧品という分野で世界に問いたい」のか、「江戸時代から続く日本の化粧文化を世界に発信したい」のか、最終的な目的意識について語れていないのです。

「化粧品を国際的に売っていく」は、「明日とりあえず宿題3ページ終わらせよう」というのと変わりません。それによって何に貢献したいか、を考えなければならないわけです。

目的・将来像・ビジョン……言い方は何でもいいのですが、手段を語るだけで満足せず、「将来こんなことがしたい」という目的を明確にすることが未来の自己分析には不可欠です。

「3人目の職人」になろう

この「手段と目的」の話はとても重要なので、より深く理解するための昔話をご紹介しましょう。みなさんはこんな話を知っていますか?

むかしむかしあるところに、旅人がいました。旅人は、旅をしている途中で、3人のレンガ職人に出会いました。レンガ職人は3人ともレンガを積んでいました。旅人はレンガ職人に聞きました。「どうしてレンガを積んでいるんですか?」と。

1人目はこう答えました。

「見てわからないのか？　とりあえずレンガを積んで給料をもらい、お金を増やしたいんだよ」

2人目はこう言いました。

「見てわからないのか？　レンガ作りの礼拝堂を建てるために、俺はレンガを積んでいるんだよ」

3人目はこう言いました。

「レンガを積んで礼拝堂を建てて、この街の人々が交流する場所にして、街のにぎわいを作っていきたいんだ。だから僕はレンガを積んでいるんだよ」

この3人のレンガ職人は、「レンガを積む」という同じ行為をしていました。しかし実は、そのモチベーションや目的は、全然違っていたわけです。

さて、みなさんは、3人の誰が一番モチベーションが高いと思いますか？

それはやはり、3人目ですよね。大きなビジョンが見えている3人目が一番、レンガを積むという単純な仕事に対しても目的意識を発揮して、困難なことがあっても絶対に諦めないと思いますよね。

大学側は、3人目の職人を評価します。「ああ、この受験生はただ自分の経歴を語っているだけだな」と思ったらその人のことは評価しませんし、「この受験生はこの大学に入ることが目的になっているな」と感じたらその人に興味を持つことはありません。大学が評価するのは、「この大学での学びを経て、どんなことがしたいのか」を考えている受験生なのです。

みなさんはこれから大学に入学して学生生活を送り、講義に出席して勉強し、サークル活動にも参加することでしょう。しかし、だからといって選考の場で、それをそのまま語る必要はありません。レンガを積んでいるからといって、「レンガを積んでいる」と答える必要はないのです。

レンガを積んだ先で、一体何が待っているのか。それを明確にするのが自己分析なのです。

未来を逆算して考えるための4つのステップ

さて、ここからは未来を逆算して考えていくための方法を、4ステップでお伝えしたいと思います。

ステップ1 自分が10年以上先の未来、どんな人間でありたいか、どんな社会を作りたいかを考える

「差別のない社会を作りたい」「日本をスイスのように、アジアの富裕層が子供を預ける国にしたい」など、広い視野で考えてみましょう。社会問題の解決などがわかりやすいかもしれません。

ステップ2 その未来のために、大学卒業後にどこにいるべきかを考える

職業や業種・会社など、自分がどのような立場でその問題の解決をしたいと思うのか、考えてみましょう。「差別をなくすために、国際機関で働きたい」「こういうNPO法人を作りたい」というように考えてみましょう。

ステップ3　理想とする卒業後の居場所に行くために、大学生活では何が必要かを考える

大学卒業後にやりたいことに取り組むために、大学生活の間にどんな勉強や研究をするといいかを考えてみましょう。志望する大学の学部で勉強できることを考えるのもいいと思います。

ステップ4　目標とする大学生活を送る前に、その準備として高校時代にどんなことをしたいか考える

大学に入ってから、「初めて」何かを始めるよりも、高校時代にもなんらかの形でそれにつながる勉強をしておくのも必要だと思います。そのためにどんな勉強をすべきかを考えてみましょう。

この4ステップで、逆算式に遠い方から自分の将来を想像していくのです。レンガを積むことが街の繁栄につながっていたように、将来が現在と結びつくことが理想的です。ステップ4の「高校時代にやること」が、今まで実際にやったことや、今やっていることと結びついている状態を目指しましょう。

「将来、国際機関で難民を助ける仕事がしたい。今やっていることも、難民の方のことを知る活動だ」と言えば、将来が現在と結びついている、非常に綺麗なストーリーが出来上がるわけですね。こうなれば、国際関係の学部での面接でもきちんと自分のことを語れると思います。

この4つのステップの中で一番重要なのは、もうおわかりだと思いますが、ステップ1です。このステップ1を考えるときに、先ほどの価値観の深掘りはとても参考になると思います。

「将来、自分はどんな人間でありたいのか」という大きな目的を考えるとき、今の自分がどういう判断軸、どういう価値観で行動する人間なのかを考えることで、その延長線上で答えが見えてくる場合があるのです。

少し例を挙げてみましょう。

A　正しいか否か

「法律と照らして正しいかどうかを考えることが多い自分は、法律をアップデートして、法律をこれからの社会変化に対応できるようなものにしたい」
↓「そのために大学では最新の技術に対して法律がどのように対応しているか、その限界はどこにあるのかを調べたい」

B　良いか悪いか

「環境にとって良いか悪いかを考えることが多い自分は、地球にかかる負荷を減らせるシステムを開発して、それに全世界の人が問題なく取り組めるようにしたい」
↓「そのために現在の環境問題のシステムについて勉強して、その限界はどこにあるのかを調べたい」

C　適切か不適切か

「マイノリティへの配慮に対して適切かどうかを考えることが多い自分は、マイノリティに対する差別意識や偏見を取り除く活動がしたい」
↓「そのためにマイノリティの人からより詳しく話を聞いて、現状の問題点がどこにあるのかを調べたい」

D 好きか嫌いか

「生徒に対して勉強を教えることが好きな自分は、より多くの生徒が前向きに人生を生きられるような活動がしたい」
↓「そのために効果的な声かけの方法を調べて、現状の教育の限界がどこにあるのかを考えたい」

とはいえ、このステップ1を考えるときにはコツも必要です。

「自分がやりたいことなんて、なかなか思いつかない」「3人目の職人になろうって言われても、うまくいかない」という人もいると思います。そんな人のために、ここで2つの「3人目の職人になる方法」をお話ししたいと思います。

方法1　3人称・より大きな視野で考えてみる

3人目の職人になるためには、より大きな視野で考えてみるのがおすすめです。

ここで1つ質問をしましょう。みなさんはハーゲンダッツというアイスクリームをご存じでしょうか?

日本ではなぜか群馬県にしか工場がないことで有名な、めちゃくちゃ美味しいあのアイス、ハーゲンダッツです。食べたことがある人も多いと思うのですが、あのアイスを食べたときに感じる気持ちは、実は3種類に分類されるのだそうです。

1：このアイス、どうやったら「自分が」もっと食べられるだろうか

2：このアイス、どうやったら自分の大切な「あの人」にも食べさせてあげられるだろうか

3：このアイス、どうやったら「より多くの人」が食べられるように量産できるだろうか

この3種類は、そっくりそのまま1人称・2人称・3人称になります。

1番目が「自分」の利益を考える人
2番目が「他人」の利益を考える人
3番目が「より多くの人」の利益を考える人

人はこの3種類に分類できる、というわけですね。

さて、この基準で考えてみたときに、みなさんはどれが一番自分の感覚とマッチしていますか？　もちろん、どれが正解ということはないのですが、できるならば他の誰かの幸せや、より多くの人の幸せを考える人でありたいですよね。

3人目の職人になるというのは、1人称・2人称ではなく、3人称で考えていこうという話です。

それもただの3人称ではなく、より大きな規模で、より広い視野で、より高い視座で考えていく必要があります。

「自分」や「自分の周りの人」ではなく、「日本に住んでいる人」、さらに「世界中の人たち」へと、どんどん輪を広げていきましょう。

「弟がこういう病気だから、弟のためにこういうことがしたい」と考えるのはとてもよいことです。しかし、弟さんだけではなく、もっと広げて考えてみるのもよいことです。「弟と同じように苦しんでいる人のために」と広げてみるのです。

「じゃあ、弟と同じように苦しんでいる人は世界にどれくらいいるんだろう？」なんて考えていくと、３人目の職人にどんどん近づいていきます。

同じように、「自分の地域の復興のために、こんなことがしたい」と考えるのは立派なことです。しかし、それだけだと「日本全国の中でも、自分の住んでいる地域」という限定的な空間の話になってしまいます。

そうではなく、「似たような問題を抱える日本中のあらゆる地域のために」という文脈で考えてみたり、「ひいてはそれが世界全体のために」と話を広げたりしてみてください。

そのための具体的な方法として、「社会問題を調べる」という手段があります。社会において今どのようなことが問題となっているのかを調べると、意外と自分が悩んでいる内容や苦しんでいる内容に通じる点が見つかるものです。

「弟の病気を治したいのだけど、どうやら先端医療の研究にはたくさんのお金がかかるみたいだ。日本では大学の研究費が減っているらしい」

「自分の故郷の過疎化を解決したいのだけれど、これは日本全体で問題となっている少子高齢化の影響だと捉えられるのか」

というように、自分が解決したい問題のもととなる、より大きな問題にたどりつく場合があります。本題に話を戻すと、社会問題を調べたり勉強したりすることでさらなる自己分析ができる可能性がある、ということです。自分の将来像がなかなか想像できずに困ったら、大きな視野で物事を考えてみてくださいね。

方法2　肯定したいことより、否定したいことを考える

2つ目におすすめする考え方は、肯定よりも否定で考えてみる、ということです。

あなたは、これからお見せする3つの志望理由に共通するポイントがどこかわかりますか？

「私は、法律をアップデートして、これからの社会変化に対応できるようなものにしたい。そのため、大学では最新の技術に対して法律がどのように対応しているのか、その限界はどこにあるのかを調べたい」

「私は、国連開発計画（UNDP）の一員として、アフリカでの持続可能な開発に携わりたい。カナダの高校在学時に履修した社会正義についての授業で、さまざまな国際問題に関連するテーマが取り扱われたのだが、私はこの授業を通じて、アフリカに抱いているイメージと現実のギャップ、そして自分がアフリカ地域についていかに無知であるかを思い知り、アフリカ地域について学びたいと強く思ったからだ」

「私は、現在の中学校・高等学校で行われている生徒会活動をより活発化させたい。私は高校時代に生徒会活動を通じて、全国の生徒会と連携した取り組みを行うなど多くの経験をすることができた。その中で、学内だけではなく、企業や自治体・学外との連携を深め、学びを得るきっかけとしての生徒会活動は、若者の自己肯定感を引き上げることにつながると感じた。学校内の問題解決を行うという現状の生徒会活動に留まることなく、学外との連携も深める場としての生徒会活動を推進するため、貴学の教育学部で学びたいと考えた」

3つとも、自己分析としても、志望理由としても、一定のクオリティになっていると思います。読んでいて、「なるほど」と思う要素がありますよね。そして自分の学びや活動が、身近な人だけではなく、より多くの人たちへと広がるイメージを持って語られていると思います。

なぜそのように書けているのかというと、実はこの3つの志望理由には、1つの共通点があるからです。

それは、「現状を否定している」ということです。

現状を否定すること――それはそのまま、どのような未来を目指したいのかを考えることにもつながります。よりよい社会・よりよい未来を作りたいと思うことは、見方を変えれば今の社会のどこかに問題意識を持ち、それを否定することなのです。

学問や社会の進歩というのは、現状の否定からスタートすることが多いです。たとえばアマゾンは「商品はお店で買うもの」という固定観念を否定して通信販売を始めました。メルカリは「商品はお店が売るもの」という固定観念の否定として、個人商店という形でお店の店員でなくても商品を売れるサービスを作りました。既存のものを否定することで新しい概念を生み出したわけです。

全ての意見表明には「否定」が含まれている

何かを否定するときには、その人の意見・考え方が表出します。なぜなら、現状を否定することにこそ意見を言う意味があるからです。もし既に存在する何かを肯定しているなら、現状を変える必要はありませんから、わざわざ意見を表明する必要はありませんよね。現状の何かしらの状況・問題に対して「ノー」を突き付けたいから、意見を言っているのです。だから、いい意見表明には、必ずと言っていいほど現状への「否定」のニュアンスが含まれています。

「ただ何かを肯定したり、賛成したりするような意見もあるんじゃないのか」と思う人もいるかもしれませんが、そうした意見にも、よく見ると否定のニュアンスが含まれているものです。

「Aという政策に対して、間違っていると思う人もいるでしょう。でも、私はAという政策、いいと思うんです！」という肯定意見は、「否定意見に対する否定意見」です。否定に対して否定しているから、「マイナス×マイナス」で、一見すると肯定意見になっている、というわけです。


この否定の考え方は、選抜入試全般に使えると思います。

経済学部の面接で、「今の日本経済をどう思いますか？」と聞かれたとします。それに対してあなたが「いいんじゃないですか？」なんて答えたら、「それ絶対、適当に答えただろ」と教授たちに思われてしまいますよね。

でもたとえば、「最近の消費税増税の議論って間違っていると思うんです」とか、「現状のこの悪いインフレを断ち切るためには、こうした方がいいと思うんです」と言って現状の何かを否定した方が、あなたならではの問題意識が浮かび上がり、教授たちからの評価は高いはずです。

否定には3つほどのパターンがあります。それぞれ解説しましょう。

パターン1 現状の問題点を否定する

「現状だとこういう問題が発生している、だから自分がその問題を解決したい！」と、問題を見つけて否定する考え方です。社会問題を調べてみよう、と先ほどお話ししましたが、それと近いですね。

この場合の「問題」の定義はさまざまですが、「誰かが不利益を被ってしまっている状態」と捉えるとわかりやすいかもしれませんね。

パターン2 現状の限界点を指摘する

「現状、この問題に対してこういう解決策を取っているが、それにはどうしても限界がある。だから自分がその状況を変えたい！」と、問題だけでなく、問題の解決策の限界点を見つめるという考え方です。

社会的な問題が手付かずで誰も対応していない、なんてことは実際なかなかありません。誰かが何かしらの形で解決策を考えたり実践したりしていることが多いです。それを踏まえて、その「解決策」に対して否定をして、別の解決策を考えたり、今ある解決策の改良案を考えたりしてみる、というものです。

パターン3 現状をさらに発展させる

「現状だとこの部分がまだ未発達だから、この部分をこういう風に発展させたい！」と、現在の状態がすでに「＋」であるものを、より「＋」にさせていく、より発展させる方法を考えていくものです。

今ある研究を深めたり、その研究の派生物として新しい何かを生み出せるような方法を考えてみたり、といったものがこのパターンです。

みなさんがより広い視野で物事を捉えたいと思ったら、このように現状の何をどう否定するかを考えてみてください。きっと自分のやりたいことがより明確に見えてくるはずです。

ここまでで、自分の過去と未来の分析方法をお伝えしました。次は、志望校が求める人材の分析方法を見ていきましょう。

第2章

各大学が求める人材と、自分に合った志望校の分析

向いている大学・学部がわかる5つの質問

「第2章　各大学が求める人材と、自分に合った志望校の分析」では、いろいろな大学の求めている人材の見極め方と、自分に合った志望校の選び方を考えていきます。

第0章でもお話しした通り、大学によって、そして学部によって志望校が求めている人材は大きく異なっています。さまざまな大学が求めている人材を知ることで、「自分はこの大学を目指そう！」という志望校選びができるようになるわけです。

とはいえ、たくさんの大学の特徴を羅列していっても、全てが頭に入るわけではないと思います。「いろんな大学や学部があるんだな。でも、いろんな大学・学部があるからこそ、逆に自分がどこを目指せばいいかわからない」と迷ってしまうこともあるでしょう。

そこでみなさんには、まずそれぞれの適性に合った大学や学部を知ってもらいたいと思います。そのために、次の5つの簡単な質問に答えてください。質問は全て2択です。

Q1　あなたは、評定は4・0以上ありますか、それとも3・9以下ですか？

Q2　英語資格は、高3秋までに英検準1級を取れますか、それとも頑張って2級まででですか？

Q3　これまでの**活動実績**は校内のものが多いですか、それとも校外の活動が多いですか？

Q4　都市部出身ですか、**地方出身**ですか？

Q5　やりたいことは明確ですか、それとも明確ではありませんか？

大体この5つの質問で、あなたが志望できる大学や学部が変わってきます。第0章では選抜入試を恋愛に例えましたが、この5つの質問は「どんな人が好き？　かわいい系？　きれい系？　マッチョ？　イケメン？」くらいオーソドックスな質問だと思ってください。

それでは、この質問で何がわかるのかを順番にお話ししていきましょう。

Q1　早慶上智以上を目指せるか

「評定は4・0以上ありますか？」というのは、偏差値上、早慶上智より上の大学を目指せるかを分ける分水嶺になってきます。

選抜入試において、学校の評定はやはり重要になってくる場合があります。もちろん評定が高いかどうかで全てが決まるわけではないのですが、基本的に評定が4・0以上かどうかで早慶上智以上の大学を目指せるかどうかは決まってきます。普段から学校の勉強はしっかり頑張っておいた方がよいと言えるでしょう。

Q2 国際関係の学部を目指せるか、MARCH以上を目指せるか

当たり前ですが、国際的な分野にも門戸が開いている大学や学部を目指している場合、英検はかなり重要な指標になってきます。それも、もちろん大学にもよりますが、大体英検準1級を持っているかどうかが分水嶺になってきます。

そして、国際的な学部を目指すかどうかに関係なく、基本的にはMARCH以上の偏差値帯の大学を目指す場合の基準が、英検準1級を取れるかどうかです。必須というわけではありませんが、1つの大きな指標になることは確かでしょう。

加えて考えておかなければならないのは、できるだけ早く英検準1級を取らなければな

らないということです。

「高3の最後の英検で準1級を取ろう！」と思っても、もし万一その試験で準1級に合格できなかったら、全ての計算が狂ってしまいますよね。そうなるのはなるべく避けたいですから、できるだけ早めに、高校2年生か3年生の1学期のテストで英検準1級を取れるようになっているのが理想だと言えるでしょう。

ちなみに、単純比較ができるものではありませんが、TOEFLならスコア80点以上が大体英検準1級と同じくらいの評価だと考えられます。

Q3　優等生がほしい大学か、面白い活動を求める大学・学部か

これまでの活動実績が校内のものが多い人の場合、優等生を求める大学や学部がおすすめです。真面目にコツコツやってきていて、生徒会活動などに積極的に参加しているような学生を求める大学・学部も一定数ありますので、そういうところを目指しましょう。

逆に、学校内の活動ではなく、校外での課外活動が多い場合は、ユニークな活動をしている人を求める大学・学部を考えてみるといいと思います。慶應義塾大学のSFC（湘南

藤沢キャンパス）などの、自分で起業する人が多い学部などがこれに該当しますね。

この違いは偏差値ではなく、校風で決まります。わかりやすい例を挙げると、早稲田大学は面白い活動の方を求めますが、反対に慶應大学は優等生がほしい大学です（ＳＦＣは例外）。

Q4 地方出身の優遇が受けられるかどうか

「地方出身ですか」という質問は、地方出身者向けの入試を受けることができるかどうかを問う質問になります。大学は文部科学省から、「都市部と地方の教育格差を是正するために努力してほしい」という要請を受けている場合があります。それをクリアできるかどうかによって補助金が設定されている場合もあるのだとか。なので、地方の人が優遇される入試形態というのも一定数存在するのです。

一例を挙げると、早稲田大学の社会科学部の全国自己推薦は、地方ごとに枠が設定されています。なので、住居が「田舎」であればあるほど、合格に有利になると言われています。

使えるものはなんでも使った方がいいので、みなさんもぜひこのポイントは理解しておくようにしましょう。

ちなみに、同じように「男性よりも女性の方を優先的に取るように」という要請がある場合もあるので、若干地方出身の女性の方が合格しやすくなるように設計されているケースもあるようです。参考まで。

Q5 学ぶことが決まっている学部がいいか、リベラルアーツ系の学部がいいか

まず押さえておくべき前提として、大学の学部には、2つの種類があります。

1つは、勉強内容が明確な学部です。法学部であれば法学の勉強をすることが明らかですし、経済学部であれば経済の勉強をすることが明確だと思います。このように、合格後の勉強の内容がある程度決まっている学部がパターン1です。

もう1つは、総合的な学問を学ぶ学部です。リベラルアーツ学部や国際教養学部といった、入学後の勉強の内容が多岐に渡るため、やることがそこまで明確でない学部がパター

ン2です。

そしてその上で、もし自分のやりたいことが明確になっていないのであれば、パターン1の明確な勉強内容が定まっている学部を目指すべきでしょう。逆に、自分のやることが明確なのであれば、パターン2の、文系と理系の垣根を越えた総合的な学びができるリベラルアーツ系の学部がおすすめです。

「え、逆じゃないの!?」と驚く人もいるかもしれません。「明確な目標がない人が、勉強内容が明確じゃないところに行くものだと思っていた」と感じるかもしれませんが、それは大きな間違いです。

そもそも、明確な目標がない人は、選抜入試では不利です。その状態で受験しても不合格になる可能性がとても高いです。なのでなんとかして、きちんと明確な目標を語れる状態になる必要があります。選抜入試で合格するのは基本、「この学部に行ったら、こんな勉強がしたい」と明確に語れる人なのです。

もしやりたいことが曖昧なのであれば、やりたいことを語るために、しっかり学部やテーマを絞って活動していく必要があります。広い学びの機会を得られるところは、逆に自分がやりたいことを語りにくいのでうまくいきません。テーマが狭い方が逆に、「こんなことがしたい」という目標をうまく表現しやすいのです。

これが5つの質問の解説です。みなさんは受ける大学の方向性が見えてきましたか？

各大学・学部が求める人材の特徴

さて、冒頭の5つの問いとその答えに向き合った上で、各大学の特徴を捉えてみましょう。全部を見る必要はありませんので、みなさんにマッチする大学を探してみてください。

まず、基本的な大学のカラーとしては、このような特徴があります。

早稲田大学：課外活動を積極的に行っている、挑戦意欲のある学生が評価される

慶應大学：学内活動を積極的に行っている、優等生だった学生が評価される

そして、各大学にいろいろな学部がありますが、基本的にはこのようなカラーがあります。

国際関係の学部：英語の資格を持っていたり、
国際的活動を積極的に行っていたりする学生が評価される
文学部：読書感想文コンテストなどが評価される
法学部：法曹の世界に進みたい人・裁判傍聴を行っている人が評価される

これらの特徴は、選抜入試を考える方は覚えておいて損はありません。
ここからはさらに詳しく、各大学・学部の特徴を個別に紹介していきます。

早稲田大学　国際教養学部

英語が得意な人が有利！　英検準1級が『最低』ライン！

早稲田大学の国際教養学部は、英語が得意な人が明確に求められます。英検1級や、T

OEFL100点以上の人などにはおすすめできます。

また、入学後に留学が必須な学部なので、高校時代に留学した経験のある人なども狙い目だと言えます。

留学以外にも、英語で何か活動していることがある人は合格しやすいです。英語ディベートや国際交流事業など、英語に関わる活動をしている人は検討してみるといいでしょう。

早稲田大学 社会科学部

地方出身者が有利！

早稲田大学の社会科学部は、地域ブロックに分かれた受験システムが取られているので、地方出身者が有利だと言えます。逆に都市部出身の人はあまり有利ではないので、特に理由がないなら積極的に狙わない方がいいとも言えます。

加えて、課外活動に積極的に参加している人や、全国レベルのコンテストで入賞している人などは合格率が高いと言えます。

それ以外にもスピーチコンテストや学生団体・地域ボランティアなど、校外の活動に積極的に参加している人などは狙ってもいいかもしれません。

慶應大学　法学部

地方出身者が有利な方式がある！

慶應大学の法学部の選抜入試にはA方式とB方式があり、B方式は早稲田の社会科学部同様、地域ブロックに分かれています。B方式は評定4・0以上が求められますが、条件さえクリアできていれば地方の学生がかなり有利です。倍率も2倍ほどなので、条件に合う人は積極的に考えてみるといいでしょう。

実際に合格している人を見ると、生徒会に参加経験のある人や、評定が4・5以上ある人が多いです。また、英語資格も英検準1級は持っている人が多いので、積極的に英検も取っておきましょう。

先ほどもお話ししましたが、慶應大学は生徒会経験のある人や部長経験がある人、つまり「学校での活動」が評価される傾向がありますので、これも念頭に置くといいのではないでしょうか。

慶應大学　文学部

読書感想文コンクールなどが評価される！

倍率が例年2〜3倍程度で、1次試験での書類の審査などもない、かなりハードルの低い試験になっています。他方、2次試験の小論文でかなり評価が左右されるので、小論文対策はしっかりやる必要があります。総合考査Ⅰ・総合考査Ⅱの2つが行われます。

評定が高い人や、国語が得意な人は狙い目だと言えます。合格者を見ていると、読書感想文コンクールで結果を出した人が多い傾向があります。生徒会経験がある人や部長経験がある人、ボランティア活動をしている人などが多いので、そこを意識するのもいいのではないでしょうか。

慶應大学　SFC

自分がSFCで学ぶ意味が理解できている方におすすめ！

「選抜入試と言えばSFC」と言われるくらい有名な学部ですね。課外活動に力を入れていた高校生が評価されます。

そして、「将来SFCでの学びを通じてどうなりたいか」が描けていて、それを言語化できる人が合格する割合が高いです。

評定はあまり関係ありませんが、英語資格は英検準1級以上の人が多いです。

また、高校生で起業していたり、ＮＰＯで活躍したり、政府と関わって活動したりと、「レベルの高い」課外活動をしている人が多いと言えます。何か既存のイベントに参加するというよりは、自分で団体を立ち上げていたり、自分が主体になって起業している人が評価されるので、あてはまる人は目指してみてもいいのではないでしょうか。

中央大学　法学部

チャレンジ入試では、これまでの課外活動がかなり重視される。

中央大学の法学部は、評定は重視されない傾向があります。課外活動に力を入れていた人などが評価されるので、評定は低いけれど課外活動を頑張っていた人が合格する傾向があります。

法律学科は、将来は法曹関係で仕事をしたいと考えている人にはいいと思います。ただ、慶應法学部と併願で受験する学生が多い大学なので、その点には注意が必要です。もし受験する人は、中央法学部の対策だけではなく、慶應法学部の対策もセットで行っておくといいでしょう。

課外活動としては、政治学科は難民・移民に携わる活動をしていた人が多いですね。また、法律学科は裁判を傍聴していたという学生が多いです。

それ以外の大学について

それ以外の大学の特徴は次の通りです。それぞれの大学の特徴をしっかり理解した上で、みなさんの強みを活かせる受験戦略を考えていきましょう!

- 立教大学の自由選抜入試は結構な進学校（広尾学園などの高校）の学生たちが高確率で合格していて、倍率が高いです。社会学部をはじめとする人気の学部では、倍率10倍くらいになっています。進学校以外の高校出身の人は、あまり受けない傾向があります。
- 立教大学の国際コース選抜では、英検準1級などが必要なのですが、その分倍率は2～3倍と低めになります。英語が得意な人はぜひ視野に入れてみてください!
- 上智大学の国際教養学部（FLA）は、早稲田の国際教養学部と似ています。TOEF

L100点ほどでも合格する人が多いのです。早稲田との違いとしては、TOEFL90点台の人でも上智は割と合格しているので、早稲田に落ちたら、その後で上智の国際教養を受けるというパターンをよく見ます。

- 女子大は、女性の活躍にフォーカスしたプレゼンができる人を評価する傾向にあります。女子大御三家と呼ばれる、日本女子・津田塾・東京女子は最近人気になってきていますが、全ての大学に共通して、女性の活躍などを将来の夢に掲げている人が合格している傾向があります。

第3章

試験対策：自分が適切な人物であることの証明

選抜入試の試験対策はただ1つ!?

第3章ではいよいよ、具体的な選抜入試の対策法についてお話ししていきます。

第1章で自分の現状分析をして、第2章で行きたい大学の情報を知ることができたので、ここからの第3章では、今の自分と志望校が求める人材のギャップを埋めたり、大学が求める人物像に自分がマッチしていると証明できるように自分の情報を整理したりしていくプロセスを検討します。

選抜入試は、やることが多い入試と言われます。一般入試では1回か2回の試験でいい点さえ取れれば、それで合格になります。しかし選抜入試では、願書を書いたり小論文を書いたり、面接をしたり、グループディスカッションをしたり、プレゼンをしたり、とにかくやることがたくさんあるのです。だからこそ対策が大変で、「なんだか難しそうだし、ハードルが高そうだ」というイメージを持たれてしまっていることと思います。

しかし、実はやることはとてもシンプルです。

「自分は何がしたくて、なぜその大学に行きたいのか」

これを、徹底的に考えていけばいいのです。

なぜなら結局、願書も小論文も面接もプレゼンも、大学側が確認しているのは本質的には「なぜこの人はこの大学に入りたいのか」というポイントだけだからです。聞き方は違いますが、結局聞きたい内容は一緒なのです。

シンプルに考えましょう。

みなさんは、「自分は何がしたくて、なぜその大学に行きたいのか」を上手にプレゼンできるようになれば合格できます。

というのも、「自分は何がしたくて、なぜその大学に行きたいのか」を聞く願書が課せられ、その熱意を証明するものとして課外活動実績や小論文が課せられ、さらに文字ベースだけではなく肉声で確かめる手段としてプレゼンや面接が課せられているからです。

逆に、どんなに他の物事がうまくいっていて、資格を持っていたり、課外活動をしていたり、表面上は上手なプレゼンをしたりしていたとしても、「自分は何がしたくて、なぜその大学に行きたいのか」が考えられていなければ、必ず不合格になってしまいます。

英語を例に考えてみましょう。英検やTOEIC・TOEFLも、スピーキングやリーディング、リスニングやライティングなど多面的に評価されますが、問われるのは全て「あなたは英語ができますか？」ということですよね。

であれば英単語を覚えようとするのは全ての対策につながりますし、スピーキングの練習をしていたとしてもリーディングの勉強につながっているはずですよね。

結局、「あなたは英語ができますか？」という問いにイエスと答えられるようにすればいいというのは、どんな英語の勉強でも変わらないのです。

選抜入試もこれと同じで、複数の課題の対策をしなければならないように感じるかもしれませんし、それは実際事実なのですが、本質的にはやること自体は全て同じ、「自分は何がしたくて、なぜその大学に行きたいのか」を考えることなのです。

さて、選抜入試で一番最初に着手し、一番時間をかけなければならないものがあります。

それは志望理由書の作成です。

大学受験の多くで「願書」として、1次試験の際に提出が求められる書類です。とにかくこれに時間をかけて、自分の中での「自分は何がしたくて、なぜその大学に行きたいのか」を完成させるようにしましょう。

そして、これが「選抜入試のすべて」と言っても過言ではありません。

よく「1次試験で落とされた！　コミュニケーション力はあるから、2次試験では落とされなかっただろうに」なんて嘆いている人がいますが、我々からしたらこれはおかしな話です。1次試験で文章として志望理由をうまくまとめられなかった人が、面接できちんと語れるわけはないでしょう。合否を最も左右するのがこの願書なのです。第4章では、1校分の願書作成に3ヶ月を費やしたという人の話も紹介しますが、それくらい気合を入れて、志望理由を明確に書けるようにしましょう。

願書対策

ではまず、願書の書き方の型についてお話ししようと思います。

願書は4つのステップで構成すると書きやすいです。今までの章で整理したことを使って、自分の中でまとめてみましょう。

願書の4つのステップ

ステップ1 将来の目標

第1章でも考えた、広い視野で考えた将来の目標を書いてみましょう。この際に、なるべく具体的に、かつオリジナリティがある形で書くことが重要です。

ステップ2 その目標を抱くにあたっての背景

ここも第1章で深掘りした内容ですね。その目標を持つようになったのはどうしてなのかを書いてみましょう。どのような経験をしてきたか、その目標がなぜ重要なのか、ということを書くことが重要です。

ステップ3 なぜその大学、学部なのか

第2章の大学・学部の特徴を参照しながら、その大学、学部に行かなければならない理由を書きましょう。「行きたい理由」ではなく、「行かなければならない理由」なのがポイントです。その大学・学部にしかない強みを提示して、それがどう目標の達成につながるのかを考えてみましょう。

ステップ4 大学、もしくは社会に出て挑戦したいこと

ここも第1章で触れましたね。大学に入学したら具体的にどのような学習や活動を行って自己成長したいのか、入学後のプランを書きましょう。ここで重要なのは、ステップ1～3の流れを踏まえて4が書かれているかどうか、という内容の一貫性です。

この4ステップの順に書いていけば願書の構成は問題ありません。

願書の3つの評価軸

このようにして書かれた願書がよいか悪いかを評価するとき、重要になってくるのは3つの評価軸です。この3つの評価軸を意識して、何度も何度も何度も何度も願書をリライ

トし、ブラッシュアップしていきましょう。

評価軸1 唯一性

まず重要なのは、「その大学の唯一の要素・ユニークな部分」です。これをしっかりと知って、それと自分を適合させなければなりません。

つまり、「自分にとって、その大学で学ばなければならない必要性」を証明する必要があるわけです。

「それ、うちの大学じゃなきゃできないんですか?」というのは、どこの大学でも絶対に聞かれる質問です。そして、受験生にとっては一番困る質問と言っても過言ではないでしょう。

「あなたの経歴や将来やりたいことはわかりました。しかし、我が大学でなければならない理由はありますか?」「あなたは経済的な知識を専門的に得たいというプレゼンをしていましたが、経済的な専門知識を得るという目的であれば、別に我が大学でなければならないことはありませんよね?」というように、面接では聞かれてしまいます。

正直、多くの人はこの質問に対して「まあ、それはそうなんですけどね」と考えてしまうと思います。だって大抵の人にとって、志望校といえどもいろんな大学に出願しているうちの一つでしかないわけですから。

A大学でダメだったら、B大学を考えるのはある種当たり前の話です。ですから、「それ、うちの大学じゃなきゃできないんですか?」という質問に正直に答えるなら、「いいえ、ぶっちゃけ他の大学でもいいと思います」になると思います。

しかし、これではいけません。

なぜなら、大学側だって、入学者があなたでなければならない理由はないからです。あなたがその大学でなくてもいいのであれば、大学側だってあなたでなくてもいいんです。なので、その大学でなければならない理由を明確にしておかなければならないわけです。


よく選抜入試は結婚のマッチングに例えられます。結婚相手を選ぶときには、やっぱり「運命の相手」を選びたいですよね。

ただ付き合うだけだったら「身長が高い人」とか「かわいい人」とか一定のイメージで

いいですが、結婚となると、「その人でなければならない理由」がほしいですよね。しっかりとお互いのことを知って、「○○さんはこういうときにこんな風に振る舞っていて、この人となら結婚したいと思うようになった」というエピソードがあるといいですよね。

それと同じで、選抜入試でもしっかり「その大学でなければならない、唯一の要素」がないといけないわけです。

ちなみに、国際基督教大学（ＩＣＵ）では願書の質問項目の1つに、「ＩＣＵにとって、あなたを受け入れることが、重要になると思う理由を答えなさい」というものがあります。「あなたにとって」ではなく、「ＩＣＵにとって」なのです。すごい質問ですよね。

でもこれは、先ほどから話している「その大学である必要性」につながる示唆に富んだ問いだと思います。「その大学でなければならない理由」を語るとき、自分を合格させることが「自分にとって」だけでなく「大学にとって」もプラスになる、というプレゼンの戦略を取ることもできるのだ、とこの質問は教えてくれているのです。

「私が、その大学でなければいけない理由」だけでなく、「その大学が、私でなければいけない理由」を考えることもできるというわけですね。

なので、ＩＣＵ以外の大学を目指す人であったとしても、みなさんはぜひ、この質問に答えられるように、「その大学でなければならない理由」を考えて言語化してみてください。第4章ではＩＣＵに合格した人の事例を紹介していますので、そちらも合わせてご覧ください。

評価軸2　差別化

次は差別化です。他の受験生との差別化をするために、他の受験生では語れないようなユニークな自分の夢・自分の抱負を語りましょう。

少し大学側に立った事情をお話しします。この選抜入試を審査するのは人です。決してＡＩではありません。そうなった場合、審査をする人たちは、1日に何十通も受験生の志望理由とにらめっこする必要があります。

そしてそのときに重要なのは、差別化のポイントです。早い話、他の受験生の志望理由に埋もれてしまわないように、アピールポイントをしっかり明確に持っておいた方がいいのです。アピールポイントを明確にすると、審査員の記憶に残る可能性が高くなります。

そうすると、「あ、この子は国際公務員になりたかった子だ」「この子はあのビジネスを立ち上げた子だな」と、それからの試験が有利に進むことも多いのです。

自分だけの強みや、自分だけが経験してきたこと、ユニークな夢などをしっかりと考えるようにしましょう。

第4章でもお話ししますが、「理系からこの大学に志望する人は少ないから、自分はきっとマイノリティになれるだろう」という理由で受験する大学を選ぶ人もいるくらいです。その大学を受ける他の人との違いを意識することで、うまく大学側の関心を引けるのです。

そして、そのために重要なのは一貫性を持つことです。

さて、ここでみなさんに質問です。こういう人が周りにいたら、どう思いますか？

「私は数学オリンピックで銅賞で、英検準1級を持っていて、ホノルルマラソンで3位になったことがあり、生徒会長をやったことがあります」

おそらく、「へえ、すごそうじゃん」「でもなんか胡散臭《うさんくさ》いなぁ」と思ったのではないでしょうか。こういう人が選抜入試で「あなたの長所をアピールしてください」と言われたときにこんなことを言っても、同じことを思われると思います。

「なんだかすごそうだけど、別にこの子を入れようとは思わないな」と。

なぜそんなふうに思われてしまうかといえば、そこに一貫性が、ストーリーがないからです。たとえば同じ経歴だったとしても、ストーリーがあれば相手に刺さる場合があります。

もしあなたが、

「自分は人間の数学的な思考の高め方に興味があり、将来は日本の数学教育をもっと高める仕事がしたいです。だからまずは自分自身の数学の素養を高めるために数学オリンピックで銅賞を取りました。また、海外の数学教育の事例を知るために英語の勉強をして英検を取りました。書籍で『数学的思考は適切な運動をしている人間の脳に宿る』という記述があったのでマラソンを始め、ホノルルマラソンで3位になったこともあります。さらに最近は、実際に数学教育を受ける学生たちのことをもっと知るために生徒会長をやりました」

と言われたら、ちょっと「おっ、この人はすごそうだ！　話を聞いてみたい！」と思うのではないでしょうか。少なくともさっきの実績を並べただけのアピールよりも印象には残りやすいはずです。

このように、アピールするポイントを絞って、「自分はずっとこれがやりたかった」と一貫したアピールを続けることはとても大事です。

いろんな要素が散りばめられた願書を書いてしまうと、「あれ、この子って、どんな子なんだっけ？」と、逆にその人のアピールポイントがぼやけてしまうことさえあるのです。「自分はこんなことも、こんなこともしているんです！」と実績をたくさん書きたくなってしまうこともあるかもしれませんが、そうではなく、１つの強みにフォーカスした書き方を意識するようにしましょう。

評価軸3　実現可能性

最後は、今までのものとはかなり毛色の違うアドバイスになります。

将来の目標が、「実現可能」なものになっているかどうか。

これが大学側の先生が見る、最後の難所のポイントだと言えます。


「え、第1章で『高い視座で物事を見てみよう』という話があったのに、なんか言ってること変わってない？」


と思った人もいるかもしれませんが、それとは若干話が違います。もちろん多くの人を巻き込んだ大きな目標を持つのは大事なことです。

しかし、たとえば「世界平和を実現させる」と言ったとしても、それだけだと「そんなの無理だろう」と言われてしまって終わりなんです。目標が大きいものだと、実現が難しくなってしまうわけです。

だからといって、「身の丈に合った実現可能な目標を作れ」と言う気はありません。目標自体を小さくする必要はないのです。ここで強調したいのは、「目標を実現できそうだな」と思ってもらえるようにしなければならないということです。

また、そのために「今までの実績」を使うということもできるでしょう。

「それは可能なんですか？」と聞かれたとき、過去の課外活動の実績などを述べることもできます。

また、スモールスケールから始めて、ステップごとにどんどん大きくしていくというのもありでしょう。「いきなり海外でサービスを始めようとするのではなく、まずは日本国内でサービスを開始します」「まずは実験としてこの地域で3ヶ月実施してみます。そのデータを集めつつ、こういうサービスを作ってみます」というように、最終的な目標がどんなに大きかったとしても、そこに行き着くまでのプロセスが明確なのであれば、それは実現可能だと思えますよね。

飛行機を使わずに沖縄から北海道に行くのは荒唐無稽な旅に思えるかもしれませんが、「まずは沖縄から船で鹿児島まで行きます」「鹿児島からはこの路線に乗って、一度博多まで行きます」「博多からは新幹線で東京まで行き、東京で乗り換えてまた新幹線に乗ります」「青函トンネルを抜ければ北海道です」と、最終目標に行き着くためのプロセスが明確なら、大きな目標を掲げたとしても実現可能なものだと判断されるでしょう。

この3つの評価軸は他の課題でも通用します。それでは、他の課題の対策も見ていきましょう！

課外活動

さて、願書を書くときなど、こんなことを問われる場合があります。

「あなたが今まで頑張ってきた課外活動についてお話ししてください」

こう聞かれたとき、今まで頑張ったことをなんとなく話すだけではうまくいかない可能性があります。逆に、これにも答えの型が存在しており、コツさえつかめばうまく答えられるようになります。大事なのは「課外活動の経験」よりも「それをどう言葉で説明するか」なのです。

課外活動を文章で説明する型

では、どんな手順で経験を言葉にしていけばいいのか、答えの型をみなさんに解説したいと思います。

【課外活動を説明する型】

1　**何に力を入れてきたかの趣旨を一文でまとめる**

2　**なぜそれを行おうと考えたかを説明する**

3　**実際にどのようにそれを行ってきたかを説明する**

4　**結果、成果を説明する**

5　**この経験から学んだこと**

この5つのポイントを押さえることで、自分の課外活動を相手に対して効果的に説明することができます。順番に解説していきましょう。

手順1　何に力を入れてきたかの趣旨を一文でまとめる

まずは主張を最初に持ってくる、というのは面接などでも重要になってくることです。

最後に主張を持ってくるような文章というのは基本的に読んでもらえないと思ってください。

そして、ただ「サッカー部で頑張りました」とか、「国際的な活動をしてきました」と書くのではいけません。この後のプロセスにつながるように、「サッカー部で、練習メニューを生徒が考えるという活動に精力的に取り組みました」など、積極的な行動を示せる具体的な話を入れるようにしましょう。

手順2　なぜそれを行おうと考えたかを説明する

自分が取った行動の背景、つまり「どうしてそうしようと思ったのか」を語ってみてください。あなたを取り巻いていた環境や、そのとき感じたことを語ってみましょう。

そういう行動をするに至った、変化前の状態を説明するわけですね。

この際、2つのポイントを意識するのがおすすめです。

A　具体的に行ってきた活動の概要

重要なのは具体性です。あなたがどのような状況でその活動をしたのかを明確にしましょう。

たとえば、組織で活動した場合は、その組織の概要のみならず自分の役割や組織の規模、環境なども説明するようにしましょう。

例：30人規模のサッカー部の部長、自分は初心者から始めたなど

B　活動を通じてどの点に疑問・課題を感じたか

「どうしてそうしようと思ったのか」が重要なので、そう思うに至ったポイントなどを整理しましょう。第1章でもお話しした「現状に対する否定」を意識するといいと思います。

手順3　実際にどのようにそれを行ってきたかを説明する

今度は具体的な説明をしていきましょう。ここが一番重要なアピールポイントだと考えてくださいね。これに関しても、３つのポイントがあります。

A　できる限り自分以外の登場人物も入れて説明できるとよい

これは、「どのように他者と協働してきたか」をアピールするためです。よく、他の登場人物をまったく出さずに説明して自分の手柄を誇張する人がいますが、そういったことは多くの場合、見抜かれます。他の人とどのように協力したのかを説明してみてください。

B　自分なりに工夫した点を強調する

他人にはできないような、自分にしかできない強みをアピールしてみてください。ここで考えるべきは、志望理由書で書いた他の内容ともリンクさせるということです。たとえば自分の強みとして書いたことが、その行動から表れているかをチェックしてください。

仮に理系から文系に文転していることがアピールポイントなら、「文系の集団の中で、元々理系だった自分は、こんな風に行動できました」ということを記述しましょう。

c　何に挫折して、どう乗り越えたか

失敗の経験と、それをどう乗り越えたのかという説明はとても重要なポイントです。ずっと成功しているだけではなく、何かうまくいかないことに対してどう取り組んだのかということも評価されます。失敗を話してもいいのかと不安に思うかもしれませんが、逆に失敗を乗り越える力＝回復力＝レジリエンスというのは、評価項目として試験官も見たいと思っている場合が多いのです。

手順4　結果、成果を説明する

4番目は、結果や成果の説明です。具体的に「こういう変化が起こった」ということを説明できるようにしましょう。挫折と克服の話を先ほどしましたが、「変化後」を明確に示すイメージが必要です。

成果は数値で表せるのが一番です。数字は具体的で、相手に対して納得感を与えやすいからです。もし、数字がないのであれば、数字を作りに行くことも視野に入れましょう。アンケートをとってみて、「何%の人が変化を実感しています」なんて言えるようなデータを集めるのも1つの選択肢です。

もし数字で示せるような成果がない場合、意識しなければならないのは「主観ではなく客観的に変わったことを書く」ということです。「いい部活になったと思います！」なんて主観的な意見を言っても意味がありません。「多くの部員が練習後も自主練習を行うようになりました」というように、きちんと自分の独りよがりではないことを示せるように考えてみてください。

手順5　この経験から学んだこと

最後は、課外活動の経験から学んだことを書きましょう。基本的に、どうして大学側が課外活動のことを聞いているのかといえば、過去の功績を聞いて「大学時代に」どのように活かすのかを問うていると考えられます。

つまり、重要なのは過去の話そのものではなく、その過去からあなたが何を学んでいて、学んだことを大学での生活にどう活かしたいかということです。「この大学に入ったらこの経験を活かして、こんなことをしたいと思います」ということを明確に示しましょう。

最後に、これらの要素がどのように評価されるかという評価軸を4つ、みなさんにお話ししておこうと思います。

活動内容で重要な要素（評価軸）

要素1 積極性があるか

まずは、「自分で何か主導して行っているか」という積極性です。

あなたがいたことで周囲にどんないい影響があったかがわかれば、「この大学でも、この人がいることでいい影響があるかもしれない」と考えてもらえると思います。

なので、あなたがいなかったらうまくいかなかったことは何か、をプレゼンするようにしましょう。

要素2 挫折経験があるか

2番目は挫折経験です。これまでのあなたが何に失敗していて、課題意識を抱いているのかを評価します。

成功と失敗は表裏一体です。「うまくいった」と思うことにも課題はあるし、「うまくいかなかった」ということでも成功した部分もある。でもその中で、人間はどうしても「うまくいった」を強調してしまいがちです。なので、大学の試験官の多くは「一見うまくいったことでも、課題を発見しているかどうか」という課題発見能力を確認している場合が多いのです。

要素3 周りを巻き込んだエピソードはあるか

誰とどのように協力したか、というポイントです。それも、あなたがリーダーシップを発揮して相手をうまく巻き込んでいるかが重要です。

「あなたがいなければうまくいかなかったこと」というのは、あなた自身の能力だけでなく、周りをどう巻き込んだのか、あなたが周りに対して与えた影響を見ています。リーダーシップといっても、生徒会長や部長などである必要はありません。いかに組織内で自分の強みを発揮してきたかが重要なポイントです。

要素4 志望理由書と一貫性があるか

一貫性は先ほどから強調しているポイントですね。将来の目標として、他の箇所であなたが提示しているものとしっかり関係性があるかどうか、一貫した軸があるかどうかは、課外活動をアピールする上でもやはり重要です。

小論文

願書以外に特別な対策が必要なのが、小論文です。

選抜入試では小論文のテストが課せられることが多いです。そしてこの小論文対策というのは、願書を書くことにも役に立ちます。書くという行為自体は同じなので、重なる部分が多いのです。

ということで、小論文対策についても、ここからみなさんにお話ししたいと思います。

小論文の考え方

そもそも、小論文って作文とどう違うの？

小論文を書いてください、と言われたとき、あなたはどんな作業を思い浮かべるでしょうか。原稿用紙に長い文章を書くという行為は、きっとこれまでも経験してきたはずです。そう、小学生の頃から取り組んできた、「作文」を思い出してください。

そもそも、「小論文」は「作文」とどう違うのでしょうか。

作文は、自分の経験や知っていることについて書くものです。これを評価するとき、採点者はあなたの感受性や人柄をチェックしています。

それに対して小論文では、あなたなりに問題提起をすることが求められ、その上で自分自身の考えを論じる必要があります。文章を通じてなんらかの議論・主張をするものだということです。感受性や人柄ではなく、文章の論理性が重視される、これが作文との最大の違いです。

最も身近にある「小論文」の1つが新聞の社説です。テーマに沿って問題提起し、それについて筆者の考えを述べています。論理展開を意識して社説を読んでみると、自分が書くべき小論文のイメージが摑めてよい勉強になると思います。

小論文の型

小論文を書いてください、といきなり言われて、「何から書いたらいいのかわからない……」と手が止まってしまったという経験は、誰にでもあると思います。でも、この本を読んだあなたはもう安心です。実は小論文には、これから紹介する書き方のパターン、「型」がいくつか存在します。これをマスターし、型に沿って内容を並べていけば、論理的で読みやすい答案が出来上がるのです。

まず、書くべき文字数によって、型が違います。

200字程度の短い文章を書くときは、答案を2部構成にします。最初に示すべき結論を書き、後半でその根拠を説明するのが、A型（頭括型）です。反対に、前半で根拠を提示し、最後に結論を書くのが、B型（尾括型）です。

このどちらかで書けば間違いありません。

400字以上の長めの文章を書く際には、答案を4部構成にします。基本の型は、第1部「問題提起」、第2部「意見提示」、第3部「展開」、第4部「結論」です。それぞれについて詳しく見ていきましょう。

第1部では問題提起をします。これから何について論じるのかを明示しましょう。

続く第2部で、自分の意見を提示します。先ほどの問題提起についてイエス・ノーのどちらの立場を取るのかはっきりさせることで、第3部の位置付けが読み手に伝わりやすくなります。

そして第3部で、意見を展開します。自分の考えの根拠について、丁寧に説明しましょう。ここが答案の中心になるので、全体の50％ほどの分量を使って書いていきます。

最後に第4部で、結論を示します。答案全体のまとめとして、問題提起に対する自分の答えをもう一度はっきりとさせましょう。

もう1つ使える書き方として、「AREA構文」という型があります。主にアカデミックライティングのような英語の小論文執筆の際に用いられるものですが、小論文でも面接で話すときにも応用できる構成なので、使いこなせるようになっておくと便利です。基本の型と同様に、答案全体を4部に分けて考え、それぞれ、

A：Assertion（結論、主張）
R：Reason（理由）
E：Example（例）
A：Assertion（結論）

で書いてみるという方法です。

小論文の課題文の読み方

ここまで、小論文のおおまかな考え方をお話ししましたが、実際に小論文を書く前には1つやることがあります。それが課題文の読解です。

小論文の問題には、大抵の場合、課題文が添えられています。それを読んで問題点を把握し、解答してくださいね、という指示がされているわけです。したがって、課題文の要点を正確に読み取ることは、自分の答案を書く上でも非常に重要になってきます。

長い課題文を読むときのコツには、このようなポイントがあります。

ポイント1　4部構成やAREAに当てはめてみる

長い文章を読むときは、文章全体の構成を摑むことが大切です。先ほど学んだ4部構成は、書くときのみならず課題文を読むときにも応用できます。

もっとも、課題文は長い文章の一部を抜粋したものであることが多く、必ずしも4部構成にそのまま分類できるとは限りません。しかし、文章の構造が典型的なものであれば、「結論や主張はこれだな」と出題の意図をすぐに見抜くことができて便利です。

ポイント2 文章の趣旨（要点）を捉える

結局何を言いたい文章なのか、中心になる部分を意識しながら読みましょう。技術的なことを言うと、大抵の場合は文章の最初か最後に書いてあります。反対に、具体例の部分は軽く読み流して大丈夫です。

ポイント3 キーワードを探す

キーワードとは、その文章のテーマや主張を要約した言葉のことです。課題文の中で多用されていたり、カギカッコで強調されていたりします。「〇〇とは△△である」というように、文中で定義されている言葉は大抵キーワードと見てよいでしょう。また、設問に「〇〇について論じなさい」とある場合、その〇〇がキーワードになります。課題文のタイトルにヒントがある場合も多いです。

ポイント4 接続語に注目

接続語に注目して読むことで、文と文のつながりがわかるだけでなく、文章全体におけるその文章の位置付けが見えてくることがあります。たとえば、「したがって」の後には筆者の主張が書いてあることが多いです。理由の後に書いてあるのは結論だからです。また、「しかし」の後には筆者が注目させたいポイントが来ます。逆接において大事なのは、前ではなく後です。対比の接続語が用いられた場合も同様に、接続語の前の文章よりも接続語の後の文章の方が重要な内容である可能性が高いです。基本的な接続語とその意味をまとめましたので、ぜひ活用してください。

【基本的な接続語】

《順接》 論理の流れが自然なときに用いる

だから　よって　ゆえに　その結果　そして　従って

《逆接》論理の流れが反対向きに変わる際に用いる
しかし　ところが　だが　とはいえ
《対比》接続語の前後の内容が互いに並立かつ比較対象である
または　あるいは　一方　むしろ　もしくは
《添加》前の文に上乗せされる内容が後に続く
さらに　その上　それから
《補足・説明》前の文を掘り下げたり言い換えたりする際に用いる
つまり　すなわち　なぜなら　たとえば
《転換》話題を変えるときに用いる
さて　ところで　では

ポイント5　何に反対しているのかを考える

課題文ではなんらかの主張がなされています。それはつまり、なんらかの常識や定説、社会通念などに対して、筆者が反対しているということです。第1章で説明した「否定」の活用法を思い出してください。課題文において筆者が何に反対しているのかさえわかってしまえば、その文章の言いたいことを理解したと言えるでしょう。

課題文から答案につなげるポイント

ここまでは課題文を精読して内容を理解するためのポイントをお伝えしましたが、課題文の理解度を小論文という形でわかりやすく示す必要があります。次は課題文のどのような点を自分の小論文に反映させればいいのか、課題文の読解から答案につなげるための基本的な考え方をお話ししましょう。

考え方1　課題文の主題を捉えて明示する

まず最初にやるべきことが、文章構造の確認です。

文章には必ず主題＝テーマが存在します。どの分野の話をしているのかは、文章を読んでいればなんとなくわかることもあります。しかし、その文章における主題が何かを意識して読むことで、より明確に文章の内容を理解することができます。そして逆もまた然りです。

私たちが小論文を書く際は、この「主題」がどれほど明確に設定されているかに、その小論文の質が左右されると言ってよいのです。小論文を書くときは常に、4部構成のうち第1部（問題提起）で答案に書く主題を、課題文で問われていることと照らし合わせながら意識してください。最初に提示した主題や問われていることから脱線して、的外れな文章を書いてはいけません。

考え方2 課題文についての自分なりの主張を考える

課題文の主題を捉えることができたら、課題文の大黒柱である主張を探しましょう。課題文を読むにあたっては、**筆者の主張は何か、筆者は最終的に何が言いたいのか**、これらを意識することが非常に重要です。これがそのまま文章全体の要旨となります。筆者の主張が**どの立場からなされているのか**意識して読むと、主張を捉えやすくなります。

注意すべきなのは、主張は必ずしも1つとは限らないということです。筆者の主張が複数ある場合には、それらの関連性を把握しておくことも必要です。

あなたが小論文を書く際にも、**主題に対する自分の主張は何か**、課題文の主張が正しいか（あるいは好ましいか）を小論文の問題提起とします。このときは立場をはっきりさせることが何よりも重要です。むしろ、自分の主張や意見が入っていない文章は、小論文とは呼べません。一度書き始めてからは、主張は変えられません。イエスならイエスですし、ノーならノーです。文中の一貫性を保つようにしましょう。

与えられた主張に対する自分の主張を述べるとき、原則としてイエス・ノーのどちらで書いても問題ありません。課題文で述べられている筆者の考えと同じでも反対でも構いませんが、まずは課題文の意見にノーが言えないか考えてみましょう。なぜなら、安易に筆者に賛成するばかりでは、課題文の丸写しのような答案になり、内容的に評価されにくくなるからです。筆者に反対する立場から書くことで、課題文には書いていないオリジナルな意見を主張しやすくなります。

とはいえ反論が思いつかない場合は、素直に筆者に賛成する立場から意見を書いても大丈夫です。その際には課題文の丸写しにならないよう、課題文とは別の観点を探して検討し、内容を深める必要があります。なかなかアイデアが浮かばないときは「課題文が少ししか触れていない部分について掘り下げる」、「課題文が抽象的にしか述べていない部分について具体例を使って詳しく説明する」などの方法が有効です。

また、課題文が複数与えられる場合もあります。そのようなときは、2つの文章が「対立した主張について書いてある」のか、「お互いの主張を補い合っている」のか、文章同士の関係性を意識しましょう。前者のケースでは2つの課題文のどちらに賛成かを中心に自分の意見を考えればよく、後者のケースでは2つの課題文に共通する主張についてイエス・ノーで問題提起すればよいのです。

考え方3 課題文の根拠と、自分の主張の根拠を考える

主張には必ず、根拠が伴います。どんな意見であっても、それを支持する具体的な理由

を伴わなくては説得力が生まれません。したがって、文章を読み解く際には、主張に紐づけられる直接の理由は何かと考えながら読む癖をつけましょう。

課題文の中には、具体例のみを理由の代わりに挙げている文章も少なくありません。主張の直接的な根拠が書かれていない文章を与えられた場合には、自分でそれを補って考える必要があります。

課題文によっては、文章だけでなく表やグラフ等の資料が添えられている場合があります。資料が何を表しているのかも大切ですが、資料が何のために添えてあるのか、出題者がわざわざ資料まで用意して何を伝えたいのか、背景にある意図や理由を考えるのもヒントになります。

とはいえ、これらの技術を会得するには、長文読解の演習経験をたくさん積んで慣れるしかありません。さしあたっては、難しい長文に出会ったとき、筆者が主張に対する理由をはっきり書いていないケースもあると認識できれば十分でしょう。


あなたが小論文を書く際には、**複数の根拠を明示する**ことが大切です。小論文は論理が明快であればあるほど好印象で、わかりやすく説得力を持った文章となります。

課題文では、筆者自身の体験談や、社会で起きた実際の事例について書かれていることがあります。読み手に具体的なイメージを持たせることで、説得力を強めているのです。この手法は、実際に小論文を書く際にも応用できますので、課題文を読んで使えそうだと思った論点は取り入れていきましょう。ただし、小論文は作文ではないので、**個人的な体験談に終始しないように**することが肝心です。また、具体例は**視点が異なる複数の例**を持ってこられるとパーフェクトです。

まとめると、**文章は「主題↓主張↓理由↓具体例」の4つの要素から構成される**ことが多く、読むときも書くときも、この構造を意識することが大切なのです。

小論文の具体的な書き方

ここまで、小論文を書く上で必要な考え方や課題文の読解方法をおさらいしました。今度はいよいよ、小論文の実際の書き方をお教えしましょう。

小論文の4部構成

先ほどお話しした、小論文の4部構成は覚えていますか？　いざ小論文を書き始めるにあたり、いま一度思い出してみましょう。

第1部：問題提起（これから何を論じるのかをはっきりさせる）
第2部：意見提示（問題提起に対してイエス・ノーのどちらの立場かをはっきりさせる）
第3部：展　開（自分の立場についてそう考える根拠を文章全体の50％ほどを使って説明）
第4部：結　論（全体のまとめとして問題提起に対する答えをもう一度はっきりさせる）

それぞれのパートについて、さらに実践的な内容や書き方、ボリューム感はこのようにするとよいでしょう。

第1部：問題提起（全体の10％～15％）

課題文のキーワードや要旨を元に、問題提起をします。イエス・ノーで答えられる形で書いておくと、続きが書きやすくなります。

課題文が与えられないテーマ型の小論文では、そのテーマについての一般論を述べます。また、グラフを読み取って答えるタイプの小論文では、客観的な情報を提示します。

第2部：意見提示（全体の10％未満）

問題提起に対して、自分がイエス・ノーどちらの立場なのかをはっきり述べます。必要に応じて、抽象的で簡潔な理由をひとこと付け足してもよいです。

第3部：展　開（全体の50％〜60％）

自分の意見と、そう考えた理由を述べます。ここが答案の中心となるので、論理的に飛躍しないよう丁寧に書くことを意識しましょう。あえて反対意見とその根拠も紹介し、さらに反論を重ねることで、自分の意見に説得力を持たせることもできます。

第4部：結　論（全体の10％〜15％）

第2部で自身が述べた意見を改めて主張します。第3部で語った根拠から、その結論が論理的に導けるということを確認してください。応用編として、将来の展望など、もう一歩踏み込んだ意見を簡潔に添えてもよいでしょう。

アウトラインの書き方

アウトラインとは、小論文の骨組みのことです。書く内容が思いついたからといって、いきなり答案用紙に本文を書き始めたのではうまくいきません。まずはメモできるスペースを探して、4部構成のそれぞれのパートに何をどんな順番で書くか、書き出して整理しましょう。書きたいことを整理した後で実際の文章を書くのです。**アウトラインが書けたら小論文の8割は完成したようなものと言えます。**

実際のアウトラインを、具体的な例に即して見てみましょう。みなさんも自分なりのアウトラインを考えてみてください。

【例題1　児童虐待について自由に述べよ】

《基本の4部構成》

第1部：**問題提起**

近年、児童虐待事件の報道が増えている。なぜ児童虐待が増えているのだろうか。

第2部：**意見提示**

児童虐待が増加している大きな要因に、親にとって子育ての負担が大きくなっていることが挙げられる。

第3部：**展　開**

核家族が増えており、周囲から子育ての支援を得にくくなっている。また、保育園など外部機関のサポートも、需要に対して供給が間に合っていない。

第4部：**結　論**

このような環境下では親が抱える子育ての負担が大きくなり、児童虐待の増加につながっている。

先ほど、小論文のもう1つの型として紹介したAREA構文で考えると、アウトラインはこのようになります。

A：主　張

近年、児童虐待事件の報道が増えている。児童虐待が増加している大きな要因は、親にとって子育ての負担が大きくなっていることだ。

R：理　由

核家族が増えており、周囲から子育ての支援を得にくくなっている。また、保育園など外部機関のサポートも、需要に対して供給が間に合っていない。

E：例

たとえば、親戚がおらず、保育園や一時預かり施設も満員で、近所付き合いが希薄なため周囲に誰も頼れる人がいない、といった孤独な状況にある子育て家庭は案外多い。これでは、親の育児ストレスの矛先が子供に向きかねない。

A：結　論

このような環境下では親が抱える子育ての負担が大きくなり、児童虐待の増加につながっている。

もう1つ、「若者の政治参加」を例にするとこのようなアウトラインを書くことができます。

【例題2　若者の政治に対する関心について自由に述べよ】

《基本の4部構成》

第1部：問題提起

選挙の投票率における若者の割合を見れば明らかなように、日本は若者の政治に対する関心が薄いという課題を抱えている。そのような状況を打開するために、成人年齢を引き下げる案が浮上している。

第2部：意見提示

私は、成人年齢の引き下げに賛成である。

第3部：展　開

確かに、アルバイトやボランティアなど、年齢に関係なく社会に貢献する機会もあり、成人年齢を引き下げなくとも社会の一員であるという自覚を持たせることができる、という意見もある。しかし、成人年齢が引き下げられることによって、法律や社会の仕組みに触れる機会が必然的に増え、社会と能動的に関わる機会が増える。社会との能動的な関わりを増やすことが、社会の一員としての意識を高める最善の方法である。

第4部：結　論

したがって、成人年齢を引き下げることが、若者の政治に対する関心を引き上げてくれると私は考える。

AREA構文だとこうなります。

A：主　張

選挙の投票率における若者の割合を見れば明らかなように、日本は若者の政治に対する関心が薄いという課題を抱えている。そのような状況を打開するために、成人年齢を引き下げる案が浮上している。私は、成人年齢の引き下げに賛成である。

R：**理由**

成人年齢が引き下げられることによって、法律や社会の仕組みに触れる機会が必然的に増え、社会と能動的に関わる機会が増える。社会との能動的な関わりを増やすことが、社会の一員としての意識を高める最善の方法である。

E：**例**

たとえばアルバイトやボランティアなど、年齢に関係なく社会に貢献する機会もあり、成人年齢を引き下げなくとも社会の一員であるという自覚を持たせることができる、という意見も確かにある。しかし、携帯電話の契約やクレジットカードの申請が親の同意なしで可能になるなど、成人することによって社会的責任が大きくなり、能動的に社会に関わる機会が増えるのは間違いない。

A：**結　論**

したがって、成人年齢を引き下げることが、若者の政治に対する関心を引き上げてくれると私は考える。

小論文を書くときに気をつけたいポイント

小論文の構成について、ここまで丁寧に確認してきました。小論文対策の後半では、アウトラインを肉付けして実際に文章を書くとき、踏まえておきたいことをまとめていきます。

正当性を持たせる

「正当性」とは、社会通念に照らして正しく道理にかなっていることです。小論文を書く際には、読み手を納得させるために自分の主張の正当性を示す必要があります。そのための方法としては、大きく分けて3つ挙げられます。

方法1 反対意見についても触れる

自分の主張とその根拠だけを答案に書くと、反対意見を想定していないように見えてしまいます。あえて自分の意見とは異なる立場の意見にも触れ、その上で再反論することによって、自分の意見をより強調することができます。また、一方的な意見の主張にならないので、客観的な視野を持っているとアピールすることにもつながります。

反対意見に触れて再反論するときに気をつけなければいけないのが、自分の主張の根拠をしっかり明記することです。小論文は、論理的に読み手を納得させるための文章なので、「なんとなく」で理由もなく反対意見を一切認めないような書き方はマイナスになってしまいます。この点は注意してください。

反対意見を論じる順番としては、自分の主張の説明や具体例が一通り完了したあと、結論の前に挟むと書きやすいです。

試しに「確かに〜と考えられる。しかし〜」という構文を使って反対意見に触れてみましょう。これは、反対する立場の意見を「確かにそうとも考えられる」と認めた上で、「しかし」と再反論していく際に使えるフレーズです。

【反対意見の言及例】

高等教育機関におけるピアスや頭髪の色、指定の制服など細かいルールは必要ないと考える。**確かに**ルールを設けると節度を保ちやすく、管理もしやすいかもしれない。**しかし、**高等教育は、生徒が少しずつ自分の意志で人生の選択をして自立する準備をする期間だと言える。結論として、ルールで縛るのではなく、生徒自身が考えて行動できる環境を整えることの方が大切だ。

方法2　一貫性を保つ

ここまで繰り返し登場してきた「一貫性」はここでも重要なポイントです。主張の一貫性を保つことも大切です。序論に書いた主張と結論がブレてしまっては、何を主張したい答案なのかがよくわからなくなります。主張がブレてしまわないための対策としては、答案を書き始める前にきちんとアウトラインを書くことです。アウトラインを見ながら答案を書くことで、何を書きたいのかを見失ってしまうことを防げるのです。また、段落ごとに自分の書いたものを読み返すことも答案の一貫性を保つ上で効果的です。それから、第2部と第4部の両方で自分の主張を述べることで、主張の一貫性をアピールすることができます。

方法3 根拠づける

何かの意見を主張するためには、なぜそのように考えるのか、なぜ他ではなくその主張が正しいと言えるのか、理由をつけて説明する必要があります。根拠の中身を充実させるには、2つのコツがあります。

①「なぜ？」を突き詰める

自分がどうしてその主張に行き着いたのか、「なぜ？」と繰り返し問うてみましょう。

【例】

動物園に賛成だ。

←（なぜ？）

子供の成長につながるからだ。

←（なぜ成長するのか？）

実際の動物を見て、触れあうことで子供の好奇心が刺激されるからだ。

←（なぜ実物だと刺激を受けるのか？）

話を聞くだけよりも、実際に体を動かして得た経験の方が記憶に残りやすい。また、対象が目の前にあるので、好奇心が刺激され、自発的な学びにつながりやすい。

←（なぜ自発的な学びが必要なのか？）

新しい知識を得る楽しさを知ることで、動物に限らず、他分野も学ぶようになる。すると、将来の進路へも影響するからだ。

②具体例を挟む

具体例を挟むことで、主張の内容が伝わりやすくなり、説得力が増します。自分の主張の根拠を述べる際、実際にそれが表れている例や体験・エピソード等を交えて説明することで、効果的に主張を補強することができるのです。具体例には一般的に共感されやすい事象や、社会で実際に起きている事象を使うとよいでしょう。
1つ気をつけたいのが、具体例は主張の説得力を強めるものにすぎず、主張の正しさを示す根拠そのものにはならない、ということです。どれだけ具体例を並べても主張の根拠にはならないので、具体例はあくまで補助的に、簡潔に添えるだけに留めましょう

【例】

近年では筋力向上を目的としたプロテインの摂取が身近となり、プロテインを多く含む食品の消費量が年々増加している。**たとえば**、SAVASなどのプロテインドリンクや、1本満足バーなどの高タンパクを謳う栄養補助食品が、コンビニやスーパーで店頭に並ぶようになった。

小論文でやってはいけないこと

最後に、「小論文でやってはいけないこと」をお話ししていきます。

指示語を使いすぎない

小論文を書く際は、むやみに指示語を使うことは避けましょう。指示語を乱用すると、自分で書いているときはどれがどれを指すのかわかっていても、読み手にとっては伝わりにくい文章となってしまう危険性があります。明瞭な小論文に仕上げるため、なるべく具体的な主語や目的語を使用し、指示語の数は必要最小限に留めることを意識するとよいでしょう。

小論文で守るべき書き方のルール

小論文には、答案を書く際に必ず守らなければならない文章のルールがあります。ルールを守っていない答案は、内容の評価以前のところでマイナスの評価を受けてしまう危険性がありますので、内容だけでなく書き方についても注意が必要なのです。

ルール1　段落変えを必ず行う

1つの段落で答案全体を書いてしまうと、採点者が答案を読んだときに文章の論理展開が追いにくくなります。2部構成なら2つ、4部構成なら4つと、少なくとも内容が変わるタイミングで段落を分けましょう。1000字以上の長い答案を書く際は、もう少し細かく分けても構いません。

ルール2　1つの段落には2文以上入れる

よくあるミスの1つに、1文だけで1段落として改行してしまう、というものがあります。これは日本語の文章のルールで、段落というのは、必ず2文以上で構成される必要があります。気をつけましょう。

ルール3　文体は常体（だ・である調）に統一する

文章の途中で変わらないことが大切です。敬体（です・ます調）でも構いませんが、字数が増えて間延びした印象の答案になるので、小論文においては常体で統一するとよいでしょう。

ルール4　砕けた日本語や話し言葉は使わない

小論文では砕けた日本語や略語は使わないようにしましょう。文法的に誤った言葉遣いをすると、それだけで答案の印象が悪くなります。よくある減点ポイントとして、文頭に「なので」を使う、「開けれる」といった「ら抜き言葉」を使う、などがあります。

ルール5　1文を長く書きすぎない

1文はできるだけ短く、60字以内を目安に書いていきましょう。長くなるほど読みにくく、文の要点や論理展開がわかりにくくなります。文は短く切り、文と文を適切な接続語を使ってつなげていくと読みやすい答案になります。

面接

選抜入試では面接対策も重要です。といっても、今までお話しした、「願書」や「小論文」の対策と大部分が共通しているので、そこまで詳しくは語りません。要するに、願書で書いたことを口頭でプレゼンする場が面接だと言っていいでしょう。

つまり、重要になってくるポイントも、唯一性や一貫性など、願書で求められた要素と同じになります。

とはいえ、面接だからこそ気をつけなければならないことというのもいくつかありますので、今から見ていく3つのポイントをご確認ください。どれも当たり前のようで、意識しないと難しいことなので、何度も繰り返し対策をしておきましょう。

1　きちんと質問に対する受け答えをする

まず最初は、きちんとした受け答えを意識する、です。「何を当たり前のことを」と思うかもしれませんが、意外と受け答えが成立していないことってあるんですよね。

たとえばよくある失敗はこんな感じです。

「あなたは将来、どんな活動をしたいと思っていますか？」

「はい、私は高校時代まで国際的なNPO法人でインターンをしていまして、その経験から国際的な分野で活動をしたいと思っているので、大学ではまず語学力を高めつつ、国際的な教養を深めたいと思っています」

これ、どこがおかしいかわかりますか？

「将来どうしたいか」という質問なのに、「大学ではこんなことをしたい」という回答になってしまっていますよね。「国際的な分野で活動をしたいと思っている」と言ってはいますが、話の前半に答えがあって結論は別の話になっているので、「答えになっていない」のです。それに、大学側は「将来どうしたいか」と聞いているわけですから、本当は「国際的な分野で活動をしたい」ということを深掘りして話を聞きたいはずです。ここをクローズアップして答えられていない時点で、受け答えとしては不正解なのです。

文章にしてみるとわかりやすいので、「いや実際にはこんなミスしないよ」と思う人も多いかもしれません。しかし、実際に会話の中でこういうミスをしている、という場合はかなり多いです。それも、自分をよく見せようとすればするほど、本来の質問とは外れた回答をしてしまいがちになります。

事前に想定される質問に対する回答を準備しているとき、若干想定質問と違うニュアンスの質問が来ても、用意していた通りに回答してしまう場合があります。

先ほどの「私は高校時代まで国際的なＮＰＯ法人でインターンをしていまして、その経験から国際的な分野で活動をしたいと思っているので、大学ではまず語学力を高めつつ、国際的な教養を深めたいと思っています」という回答も、「大学ではどんな活動がしたいですか？」に対する回答としてはとても正しいものだと言えます。しかし、「将来、どんな活動をしたいと思っていますか？」に対する回答としては不正解なのです。こなれた回答をしなくてもいいので、しっかりと受け答えを成立させる意識を持つ必要があるわけですね。

このようなミスを回避するためには、「先に答えをスパッと言う」という対策がおすすめです。

「あなたは将来、どんな活動をしたいと思っていますか？」
「国際的な分野で活動をしたいと思っています。たとえば国連の機関で働いたりとか。その理由としては～」

と、先にスパッと質問に対する答えを言ってしまうのです。そうすれば、まず「質問に対してきちんと受け答えをする」という課題はクリアできたことになります。

結論ファーストで話すというのは、願書でも重要なポイント。ぜひ意識してみてください。

2 エビデンスベースで話す

次は、きちんと証拠＝エビデンスを用意して話す、です。

面接では、何か自分の意見を表明するときに、客観的なデータやそう思うに至った証拠を明確にする必要があるということです。

たとえば、「昨今の国際情勢って、悪化しているじゃないですか。それで～」なんて話をすると、よく大学の先生から突っ込みが入ります。

「なぜ、そう思うのかな？」「本当に、昨今の国際情勢って、悪化しているのかい？」と。前提として話していたことや、当たり前だと思っていたことの根拠が問われてしまうことって、結構あるのです。

「ネットによる凶悪犯罪って増えているじゃないですか」と言ったら、「そのソースは？」と突っ込まれたり。

「女性の権利の拡大って重要じゃないですか」と言ったら、「どうしてそう言えるのか教えてくれないかい？」と言われたり。

「当たり前」と思っていることが当たり前でないことって結構あるんですよね。


みなさん、たとえば「少子高齢化」って何が問題なのかわかりますか？

少子高齢化は、子供が少なくなって高齢者が増える現象ですが、別にこれ自体が問題なわけではありませんよね。子供が減ってしまった結果、日本の労働力人口が減って、経済的な成長が見込めなくなるから問題なのです。

何かが問題だと語るときには、きちんと「どうしてそれが問題だと言えるのか」「何が問題なのか」を言語化できる状態を作っておくことが重要なわけです。

そしてそのためには、「事実」と「意見」の違いを理解することが重要です。「事実」と、「意見」は、まるっきり別のものです。

事実とは、誰の目から見ても明らかなデータのことです。それ自体には何の色もなく、ただの数字でしかないもののことを指します。これは客観的なもので、主観的なものではありません。

対して意見は、その事実から一歩進んだ、「こうすれば問題が解決する!」という主観的なものを指します。意見は客観的ではありません。

面接では、これを混同してしまっている人はアウトです。何か1つの事実を見て、それに勝手な解釈を加えた自分の意見を、さも「明らかにそういうデータがある」というように語ってしまうと、その時点で印象は最悪なのです。なぜならそれは、アカデミックな世界では一番やってはいけないことだからです。そういう主観的な論文を書いてはいけない、というのは、多くの大学の小論文の講座で一番最初に習うことだったりします。

2ちゃんねるの創設者であるひろゆき(西村博之)氏の言葉に、「それってあなたの感想ですよね」というものがありますが、この言葉通り、「感想（意見）」を言っているにもかかわらず、それを「事実」と混同して話をしてしまう人が多いのです。

ここで面接のコツをお教えします。準備をする段階で、ひろゆき氏にプレゼンするつもりで準備をするのです。「それってあなたの感想ですよね」と言われても答えられるように、「こういうデータがあります」と反論できるような準備をしておきましょう。

3 嘘をつかない

最後は、「嘘をつかない」です。自分の経歴を大きく盛って話したり、教授に対して知ったかぶりするのはNGです。

もちろん、バカ正直にすべて本当のことを言う必要はありません。でも、しっかり素直な気持ちで面接に臨む姿勢はとても重要だと言えます。

よくあるダメな例が、「教授に対して自分の知識を必要以上にひけらかしてしまう」というものです。たとえばよく知りもしない難しい専門用語を使ってみたりとか、ちゃんと読んでいない本を参考文献として挙げたりとか……。

付け焼き刃の、ちょっとした受け売りでモノを語ってしまうのは、減点になってしまうことが多いのです。

大学の先生は、その道のプロです。受験生と知識量を比べると、大人と赤ん坊くらい差が開いています。そんな相手に中途半端な知識をひけらかしても、悪印象にしかならないんですよね。わからないことはわからないとはっきり正直に言うことはとても重要です。

そのために必要なのは、「予防線」です。常に、ちょっとした枕詞をつけることで、自分の発言に対して逃げ道を作れ、リスクを冒さずに言いたいことが言えるのです。不安のある発言をするときには「ちょっとこの前本で読んだばかりなので自信がないのですが」とか「こういう言い方が適切かはわかりませんが」と言っておきましょう。そういうちょっとした枕詞を用意することで、多少自分の意見に間違いがあったとしても、「本当に100%その意見が正しいと思って発言しているわけではない」という逃げ道ができるのです。

【予防線の例】

- **本当にこれが正しいかどうかちょっと自信はないのですが、**
- **不勉強なので間違いがあったら指摘していただきたいのですが、**

・こういう言い方でいいのか自信がないのですが、
・できないことをできると言うのはとても失礼なことなので
　正直に申し上げるのですが、
・今勉強中なので、ちょっと間違いがあるかもしれませんが、

以上の3つのポイントを踏まえて、ぜひ面接対策を頑張ってみてください！

評定、英語学部試験やその他資格

最後に軽く、成績の評定や資格の目安にも触れましょう。

選抜入試を受ける上で、評定は少なくとも4・0以上、MARCHレベルを狙うなら4・3以上はほしいところです。

英語資格に関して、英検はMARCHレベルで2級、準1級だと好ましいです。TOEFLは80点以上あることが望ましいです。

もっとも、これはあくまで目安です。学校ごと、学部ごとの特徴をまとめた第2章を読

み直して、自分の得意分野が活かせそうな学部、自分の苦手分野を他でカバーできそうな学部を探してみてください。

第4章

選抜入試の合格者はどのように合格したのか

ここからは、実際に選抜入試に挑戦した受験生がどのような受験戦略を取り、合格を勝ち取っていったのかをお届けします。

選抜入試の受験を決めるまでの悩み、実際の試験対策、大変だったことや効果的だったこと、実際に受験しての反省まで、選抜入試の一部始終を3名の合格者にインタビューしました。

偏差値35からの逆転合格、ユニークな点がない中で戦略的に行動しての合格、一般入試と選抜入試の対策を両立させての合格など、選抜入試の合格者は本当に個性的です。みなさんも選抜入試を考える上で、合格者の生の声を参考にしてください。

1　偏差値35から難関私大に逆転合格した河上さん

まずは地元の群馬県から総合型選抜で大学受験をした、河上さんにお話を聞いてみました。彼女は高校3年生のときの偏差値が35、評定平均も2・5とかなり厳しい状況でした。

しかし、そこから彼女はMARCHを目指し始めます。先生からも親からも「無理だ」と言われる中で、彼女が立てた完璧な受験戦略は、なんと出願したすべての難関私立大学に合格できたほど成功しました。
ただでさえ成績が逆風な中で、出願したすべての大学に合格とは、なかなかできることではありません。それでは、河上さんは、一体どのような高校生活を送っていたのでしょうか？

「私はもともと、いわゆる普通の高校生とはちょっと違う生徒でした。パナソニックのスピーチコンテストでファイナリストになったり、学生団体を立ち上げて難民支援活動を行ったりと、多分野にわたって活動していたんです。テレビや新聞の取材を受けることも多かったのですが、先生からは低評価でした。学校の勉強も全然頑張っていませんでした。でも、あるとき、ＡＯ入試という道があることを知ったんです。学校の成績が悪い私でも、面接やライティングならできる！　と思いました」

テレビや新聞の取材を受けるほどの活動をされていた一方で、いまいち学校の勉強には身が入らなかったという河上さん。そのせいか、成績が低迷気味だったといいます。しかしながら、その活動は本物でした。ここから彼女はＡＯ入試という選択肢と出会い、大学受験を本格的に志すようになります。

「合格までには1次試験と2次試験の2つに合格しないといけません。1次試験は書類で見られます。志望理由書といって、これまでやってきたことや、将来やりたいと思っていることを書いていくんです。これが大学4年間の学習計画にもなりますから、半年以上かけて書くことも珍しくはありません。『○○教授のどの授業を受けたいです』というように、かなり解像度が高いことを言うために、大学自体の研究も必要ですし、自分がやってきた活動についての客観的な研究も必要になります。1次試験の合格率は大学にもよりますが結構低めでした。人気なところだと7倍から8倍くらいある場合もあります」

1次試験の志望理由書で困ってしまう人もかなりいるようだ、と河上さんは言います。高校生の段階から自分がやりたいこと、やってきた実績を1000文字以上で書き連ねることは相当な負担になるからです。

しかし、河上さんはこの段階は苦ではなかったといいます。

「私は、1次試験はそこまで苦ではありませんでした。他の人よりもだいぶ楽な思いをしていたと思います。というのも、みんなが書類作りで困る理由は、ぜんぶ実績不足にあるからです。何もやっていない子だと、1000文字も書くことがありませんし、そもそも書くことが苦手という人も少なくありません。ですが、私の場合は高校時代に積み重ねた実績がありました。それに、書くこと自体も嫌いではなかったんです」

課外活動でもやりたいことをやっていたので楽しかったと語る河上さん。親や先生からは心配されたものの、「自分なら大丈夫」という自信で頑張り切ったといいます。それでは2次試験はどのような様子だったのでしょうか。

「2次試験は大学によりますが、大体は面接と小論文があります。これに合格すると大学に行けるという試験なのですが、倍率は高くありません。面接では志望理由書の深掘りをされますが、大体は志望理由書に書いてあることを聞かれますから、これをしっかり復習していれば大丈夫だと思います。小論文は現代文の読解に近いのですが、文章内にある情報だけではなく、自分で勉強してきた知識も要求されますから、しっかり勉強してこないと解けないようになっています。面接は私の場合は、話すことが得意だったので、まったく不安はありませんでした（笑）」

多くの受験生が落とされる狭き門である1次試験とは対照的に、2次試験は受けることさえできれば多くの人が合格できるようです。もちろん落ちる可能性はゼロではなかったものの、やはりここでも「自分なら大丈夫だ」という自信のもとで乗り切ったんだとか。しかし、落ちてしまったらどうなるのか、という心配はなかったのでしょうか？

「もちろん、落ちたらどうしようという不安はありました。私は高3のときに偏差値35しかありませんでしたし、評定平均だってとても低かった。私の学校から推薦で合格した先輩たちは、みんな評定平均4・5くらいあったんですが、私はその半分くらいしかありませんでした。ですから、前例もなく不安だったのは確かです。周りからもまったく期待されていませんでしたし。ですが、期待されていないというのは悪いことばかりではありません。逆に、期待されていなかったからこそプレッシャーがなく受験できたという利点もありました。私の場合、『受かるでしょ』って思われてる方が重荷に感じていたと思います」

誰にも期待されていなかったからこそ、逆にノープレッシャーで受験に臨むことができたという河上さん。不安もあったようですが、もともと自信家な性格が幸いして、うまく受験戦争を勝ち抜くことができたようでした。

では、河上さんはどのような受験生活を送っていたのでしょうか？

「私の父母は、私の成績が悪いことを知っていたので、受験をほぼ諦めていました。先生からも志望校のレベルを下げた方がいいって言われていましたし……。それに友達もＡＯ推薦で受ける人が多かったので、ライバル関係にありました。ですから、応援してくれるような人はあまりいませんでしたね。私が『受かるかも！』という段階まで来たら応援してくれたんですが（笑）」

成績がもともと悪かったことから、多くの信任を受けられなかったという河上さん。合格が目前になってから応援が得られるようになったというエピソードは、周囲の現金さ加減に少しクスっと笑えますね。

しかし、一筋縄ではいかないのが受験戦争。つらかった思い出はないのでしょうか。

「一番つらかったのは、最初に受験した大学の試験でした。いまでもしっかり覚えているのですが、教授の虫の居所が悪かったのか、圧迫面接を受けてしまって……『なんでうちに来たの？　他のところでもよかったんじゃないの？』って意地悪なことをたくさん聞かれて、すごくへこみました。次の日が本命の受験だったのですが、その日は泊まっていたホテルで大号泣してしまいました……」

圧迫面接は大人でもつらいものです。それを当時高校生だった河上さんが、立場が上の大人と話す緊張する場で受けたと考えると、そのプレッシャーは察するに余りあるものがあります。こればかりは運が悪かったと嘆くしかないですが、一方で無事、本命の大学に合格できた彼女の幸運は大変喜ばしいものだったのでしょう。

それでは、河上さんのおすすめの受験対策法はあるのでしょうか？

「とにかく、試験に向けて自分の主張に一貫性を持たせることにつきます。課外活動にしろなんにしろ、自分の中でテーマを1つに絞って、一貫させることが大事です。面接でも、志望理由書に書いたことに一貫性を持った答えを返せるかという部分が見られていると私は考えています。もちろん、志望理由は暗記すべきでしょう。また、志望大学の教授が出している論文をたくさん読んだり、大学が出している入門書を読んでみたりすることも重要です。自分がどのような研究がしたいのか、その根拠となるからです。それと、当然といえば当然ですが、面接は教授と対面形式で行われますから、その場で緊張しないように人前で話す練習をすることも重要です」

第3章でもお話しした、「主張に一貫性を持たせる」ということですね。実はこれ、就活でもよく用いられるアドバイスです。大学受験とはいえ、人と人とのマッチングという面では変わりませんから、選抜入試はある意味では就活のように考えた方が、成功率が高くなるのかもしれません。

さらに、河上さんは自分の意見の書き方については必ず誰かに見てもらうべきだ、とも仰っています。塾などに通って、自分の意見が伝わりやすいライティングの方法を教わって、独りよがりな記述方法から抜け出さなくてはならない、といいます。

意外なところでは、時事ネタに詳しくなっておくことも重要なのだそうです。意外と多いケースが面接のアイスブレークとして教授から時事ネタの会話を振られるパターン。これに対応できるように、日常からある程度ニュースや新聞に触れておくことが大事なのだそうです。

最後に、河上さんに受験生へ向けてのアドバイスを伺いました。

「とにかく、自分を信じ続けてください。学校側が出してくるのはあくまで予測にすぎません。絶対的なデータではないのです。いろいろな外野の意見はあるかもしれませんが、最終的に受験するのは自分自身です。選抜入試では自分の意見が問われますから、徹底的に自分の意見を持ち続けることが重要です」

2 普通の高校生ながら戦略を徹底的に考えて合格した神馬さん

次は、北海道札幌市出身の神馬理沙さんに話を聞きました。彼女の合格の秘訣は、「唯一性」でした。彼女は、第3章で触れた「唯一性」をどのように出していたのか、みなさん参考にしてみてください。

まず、彼女は高校選びも高校生活も、とても「普通」な人でした。

「何も考えずに、努力せずに行ける高校に進学しました。その学校は白衣が着られるので、なんとなくかっこいいと感じて（笑）。高校1年生のときは、大学は北海道大学しか知りませんでした。将来の進路を考える講義で初めて、『あ、世の中って大学がいっぱいあるんだ！　知らなかった！』と気づいたくらいで」

こう言ってしまっては失礼かもしれませんが、彼女は一見するとユニークな部分のない、普通の高校生だったのですね。

そんな彼女は、高校2年生のときに、大学進学に関して1つの制限がついたそうです。

「理系の学校に進学する人が多い高校だったので、みんな理系の大学に行くって言っていて、『じゃあ自分も理系の大学に行くのかなあ』と思っていました。でも、高校2年生の途中に、物理のテストで5点を取って、理系科目の評定で「1」がついてしまって。次の学期で挽回して評定は2になって留年は免れたんですが、先生から三者面談で『理系で一般入試は難しいんじゃないの？』と言われたんです」

理系に強い高校に進学したけれど、理系の勉強についていくことが難しくなってしまったのです。「それもそうだな。数学もできないし」と納得した彼女は、理系以外の道を考え始めました。

「でもやっぱり、あんまり真剣に考えてなくて。勉強をめっちゃしなければならない、というのはわかっていたんですけど、そもそも大学ってなんなんだろう、というところからのスタートだったもので、『いつか考えればいっかー』と思いながら、高2の1月までのらりくらりとしていたんです」

そんな彼女が変わるきっかけは、とあるイベントの海外研修だったそうです。

「ひょんなことから、イベントで海外研修に行くことになったんです。私は『くまのぬいぐるみがほしい』って理由だけでドイツに行こうと思って（笑）。でも、ドイツに行ってみたら、一緒に行った子は私以外、本当にしっかりした子が多かったんです。『私はこういう理由でこの大学に行きたい』とみんながプレゼンしているのを聞いて、私はこのままでいいのかな、と焦るようになったんです」

他人と比較することで初めて見えてくることがあります。選抜入試を考えるきっかけは他人の話を聞いたことだった、という学生は結構多いです。

そこから彼女は大学について調べるようになったといいます。

「『私って文系だけど、文系オンリーの学部を目指してもうまくいかなそう』とずっと考えていました。でもいろいろ調べてみて、高3の4月に、文理融合の学部があると知ったんです。『そういう、文系と理系の垣根を越えたところに行けばいいんじゃないか？』と思いました」

確かに理系から文系に行った彼女は、通常の文系よりもハンデがあります。それを解消する手段が文理融合学部への進学だったわけですね。

「まず見つけたのは九州大学の共創学部でした。ただ、高3になったとき、レベル的に難しいと実感し、立命館アジア太平洋大学の国際コースを見つけて、『ここにしよう！』と思いました。高3の4月半ばに『ここなら自分の実力でいける！』と思い、そこから先はここ1本で勉強することにしました」

この志望校の選び方は非常に有効です。基本的に、努力すれば一般入試で受かりそうな大学を見ていくというのが選抜入試のセオリーです。そのレベルが選抜で行ける大学のボーダーラインになるのです。とんでもなく上は目指せないわけですね。

しかし、そこからの受験は簡単なものではなかったといいます。

「英検も持っていなかったですし、評定も3・5だったので、苦労しましたね。でも、そこで考えたのは戦略です。高校が理系で、実験をしてきた実績があったので、文系学部の中ではかなり珍しい実績を持っていたんです」

自分の武器が何もない状態だったからこそ、しっかり戦略を考えたのです。その戦略とはどのようなものだったのでしょうか？

「結局、選抜入試はマイノリティになれるかどうかだと思っています。マイノリティになって、大学の先生から興味を持ってもらえるかどうかが勝負の鍵かな、と。そう考えると、自分の強みは元理系であることだと思いました。これまでの自分の取り組みや勉強内容は理系だったので」

興味を持ってもらえるように振る舞うことは、選抜入試においてとても重要です。唯一の人間になれるように動くことで、大学側から注目してもらえるようになるのです。

「そこからは願書と小論文の対策をしました。小論文って、自分の考えが重視されます。自分の意見に説得力を持たせるために、他者の意見を聞かなければならないんです。『こういう意見もあるでしょう。でも、こういう話なんです』と、譲歩した上で自分の意見を言えると説得力が出るので。なので、1つの意見に対してどのように考えるか、自分と逆の意見の人の話を聞くようにして、対策を進めましたね」

第3章でも見てきた通り、小論文はいくつかの型を押さえることで効果的に対策ができるのですね。

さて、その上で彼女ならではの対策もしていたそうです。

「ちなみにちょっとズルしてて。オープンキャンパスのときに受験相談室に行って、他の受験生がどんな属性の人なのか、ひたすら調べていました。結果、やっぱり理系で入学しようという人はあまりいなくて、留学などの国際的な経験を押し出している人が多かったので、ってことはいけるかなと思いました（笑）」

なんと、オープンキャンパスで他の人の情報を取りに行くというのもかなり有効な手段なのです。

その上で、一貫性も重視していたのだといいます。

「願書と、9月初めの小論文の試験はとても頑張りました。その中で重視したのは、一貫性です。もちろん大学によりますが、願書と小論文が両方課される場合、同じ人が見ている可能性が高いんですよね。志望理由書と小論文を同じ人が見ていると考えると、志望理由書とあまりかけ離れた小論文を書くことはできないな、と。求められていることを書くのも大事だけど、書きやすい話題ではなく、志望理由書と近い内容を持ってくることを意識しました」

願書と小論文の内容をかけ離れたものにしない。これは重要なことです。他の小論文の書き方と、大学の選抜入試の小論文の書き方との大きな違いだと言えるでしょう。

それで彼女は見事、1次試験を突破。その次の2次試験に駒を進めたといいます。

「2次試験は面接だったのですが、これもしっかり対策しました。基本的には、志望理由書に書いたことを聞かれるのはわかっていたので、定番の質問に答えられるように準備をしていましたね。ただ、喋るのが苦手で、話を振られるとなかなか喋れなくって。苦手だったので、面接練習は20回以上しました」

彼女はあまり話すことが上手な方ではなかったそうで、決まった定型文で答えてしまう癖があったそうです。

「きっちり台本を書きすぎると、それに沿ったことを喋りすぎてしまうんです。『志望理由はなんですか？』という質問に対する答えと、『将来何がしたいですか？』という質問ってちょっと違う内容だと思うんですけど、台本を作ると、同じ答えをしてしまうようになって。それがダメだと先生からはずっと指摘されていました」

こういうことって、読者のみなさんもあるのではないですか？

そしてその対策方法は意外なものでした。

「そこで、スクリプトを捨てました。一回、台本なんてなかったことにしてしまおう、って。その代わり、絵に描きました。高校まで何をしてきたのか、もし留学のプログラムに行ったらどんな活動をするか、大学時代にどんな生活を送っているか、絵に描いておきました。こうすると、イメージを持って面接に臨めるんです。台本の棒読みではなく、そのイメージを共有する喋り方ができるんですよ。だから、直前まで絵を見ておいて、イメージを重視した対策をしました」

台本を捨てて、絵を描いて対策をする、というのはかなり特殊なやり方ですが、1つの方法としてはありかもしれません。同じ悩みを持っている人はぜひ試してみてください。

そして実際に面接を受けにいくことになったのですが、ここでも唯一性を大事にする彼女らしい対策があったのだそうです。

「実はここでも裏技を使いました。面接の開催地が複数あって、どこでも受験することができたんですけど、マイノリティになれるような受験を意識しました。北海道出身なので順当に行けば東京なんですけど、東京で受験すると、いろんな学校があって人も多いでしょうから、多彩な経験をしてきている子が多いだろうと思いました。大阪は附属の学校があるので、受験生の多くが大学に縁がある可能性が高いと思い、これも除外して。香港まで行って、っていうのは国際的な活動をしている人が多いだろうから危なそうだなと思って。だから、福岡で受けました。とにかくとことん、マイノリティになって自己アピールできるようにしようというのが私の戦略で、それで合格をもぎ取りました」

試験会場にもこだわる、というのは驚きですね。ここまでこだわって初めて合格が得られるのかもしれません。高校3年生のときから対策を始めても十分合格は可能で、他方そのためにはしっかりと戦略を練らなければならない、ということが神馬さんの経験からわかります。

3　一般入試と選抜入試の準備を両立させた渡辺さん

最後は、山梨県出身の渡辺貴紀さんから話を聞きました。彼は中高時代非常に平凡な生活を送っていたにもかかわらず、『あること』を3ヶ月続けることで合格したという人です。

「中高時代は『ザ・普通』の人間って感じでしたね。成績は平均よりちょっと上くらいでした。部活動は剣道部と英語のESS部に入っていましたが、目立った活動をしていたというわけではなかったです」

と、ご自身のことを語ります。そんな彼が自分の将来を考え始めたのは中学生のときだったといいます。

「将来について考え始めたのは中学2年生でした。といっても、なんとなく『国際的に働きたい』と思ったくらいで。歴史の勉強をしていて、戦争や国際問題・社会問題を学んでいるときに、平和維持活動をしたいな、って思った程度でした」

そんな彼が大学受験を意識し始めたのは、他の人と同じくらいの時期だったと言います。

「大学受験を意識したのは、高校2年生の6月くらいでしたね。周りに引っ張られる形で。ただ、そのときはまだ、『名前の知れたところがいいな』というだけで、あまり明確に、『この大学に行きたい』と思うことはなかったです」

この本で登場した他の選抜入試のメンバーと同じように、彼も普通の学生だったわけですね。そこから、受験で総合型選抜を受ける、と決断したのはどういうタイミングだったのでしょうか？

「選抜入試に決めたのは高2の最後あたりでしたね。2年生の間に進路を調べる中で、国際基督教大学に非常に興味を引かれて、とりあえず一般入試を確認していたんです。でも、この大学は一般入試がすごく特殊で、世界史・国語・英語が混ざったような問題が出るんです。それで、何とかチャンスを増やすために、総合型選抜も受けようと思ったんです」

受験の選択肢を増やすという目的で総合型選抜を選ぶのは、とても有効な手段だと考えられます。渡辺さんは一般入試の準備と並行して選抜入試の対策をしていたのです。具体的に、高校3年生になってから、どんなスケジュールで勉強していたのでしょうか？

「高校3年生の4月から、選抜入試対策を本格的にやっていきました。学校が終わって、18時までは自習室が開いていたので、その時間は総合型選抜の勉強をしていました。それ以降は塾で一般入試の勉強をして時間をしっかり分けて対策をするようになった感じです」

一般入試の時間と総合型選抜の時間をしっかりと分けていたそうです。しかし、彼の総合型選抜の対策というのが、また特殊でした。

「自分にとって総合型選抜の対策は、とにかく願書を書くことでした。願書提出日まで『願書を書く』以外のことはまったくやっていません。願書提出は9月1日だったのですが、それまではずっと願書を書いてはチェックしてもらって、を繰り返していました」

なんと、3ヶ月間ひたすら願書を書いていたといいます。

ここで少し彼の話を補足すると、当時ICUの願書は3つの項目がありました。

1 大学を志望した理由
2 ICUで何を学びたいか
3 ICUにとってあなたを受け入れることが重要になると思う理由

この3つの要素すべてを納得のいくレベルまで書くことに、3ヶ月を費やしていたのです。願書作成は一見、1日で終わってしまうような作業にも感じますが、そうではないのだそうです。

「3ヶ月、ずっと願書だけをやっていました。それでも、自分の納得のいくクオリティまでは到達せず、ちょっと未完成な状態で提出しました。願書さえうまくいけば、それ以降も全部うまくいくんですよ。だから願書に時間をかけていいし、これが合格につながる要素として大きかったと感じます。自分は、願書を多くの人に何度も添削してもらって、書き直しもどんどん行ってブラッシュアップをしていきました。特に、3つ目の項目『ICUにとってあなたを受け入れることが重要になると思う理由』を書くのがとても大変で、苦労しました。おそらく多くの受験生がそうだと思います。でも、ここで難しい問いにしっかり向き合った結果、その後いいことがありました」

その「いいこと」については後に取っておくとして、この願書のポイントは次のようなものだったといいます。

「僕が重視したのは、**一貫性でした。**一貫性があるかどうかがとても大事だと思っていたので。大学の審査員の方達は、1日で何十通も願書を見ることになりますよね。そのときに、いろんな要素が散りばめられた願書だと『この子、結局どんな子だったんだっけ？』と印象に残らなくなってしまいます。逆に、『自分はこういう人間です、こういう人間だから、Ａという活動やＢという行動をしました』というように、１つの軸をもとに説明することで、いろんな行動の理由付けができるようになったんです」

一貫性については第３章でも触れている通りですね。

では実際に願書を書くために、願書のブラッシュアップ以外にやっていたこととはなんだったのでしょうか？

「今、ネットにいろんな情報が載っているんですよね。実は、ＩＣＵの人の作ったウェブページの中に、ＡＯ受験をした人の受験期の生活やアピールの方法などが書いてあったので、それをしっかりと読み込みました。ネットに載っている情報はほぼ全て読んで、どういうふうに自分の強みをアピールすればいいかをずっと研究していましたね」

やはり情報収集は大切ということですね。本書の付録である合格者の実際の志望理由書もぜひ参考にしてください。

さて、9月に願書を提出したわけですが、10月にとても困ったことが発生してしまったのだそうです。

「9月以降、選抜入試の1次試験の結果が10月に出るまでの間、ずっと一般試験の対策をしていました。しかし、10月に1次試験の結果が出たときに困ってしまったんです。なんと、1次の合格通知から2次試験までの期間が2週間しかなくて。『あ、合格しちゃった！　やばい、2次試験の対策しなきゃ！』と焦りました。2次試験の対策も前もってやっておけばよかったと、今では思います」

一般入試の対策をしていて、選抜入試の2次試験の対策が不十分だったのです。そんな中で彼を救ってくれたのは、あの「3ヶ月かけた願書を書く時間」だったのだといいます。

「2次試験の課題はグループディスカッションだったんですが、基本的に願書に書いたことを深めるような内容だったんです。あの願書の3つの項目は、そのまま大学が求める能力であり、2次試験でも1次試験とあまり変わらなかったのです。なので、願書を書く中で自然と2次試験対策ができていたので、安心感を持って試験に臨むことができました」

このように、願書、もっと言えば「なぜ自分はその大学を志望するのか」というのはとても重要なファクターだと言えます。みなさんもぜひ、願書にはじっくり時間をかけて向き合ってみてください。

おわりに

いよいよ『選抜入試の教科書』の最終ページが近づいてきました。

ここまで選抜入試のしくみや心構え、対策方法について体系的にお伝えしてきましたが、最後に本書の企画者である西岡壱誠から、受験生のみなさんに選抜入試を通して何を実現してほしいかをお話しししたいと思います。

私事になりますが、僕は偏差値35という崖っぷちから一念発起して東大に逆転合格した人間です。大学受験とは、正しく努力すれば報われる、誰にでも一発逆転のチャンスが与えられる場であるべきだと考えています。

しかし近年、都内の有名私大に通う学生のうち、地方出身者の割合はどんどん減ってきています。都会に生まれたお金持ちの人ばかりが、いい予備校に通っていい大学に合格する、不平等な世の中になってきているのです。

選抜入試が拡大している背景の一つには、このような固定化した大学受験のシステムを変えて、誰にでも逆転のチャンスを摑めるようにしよう、という思惑があります。第2章で「都市部出身か地方出身かによって選抜入試の戦略が違ってくる」と述べましたが、選抜入試では地方出身者に優先的に枠を割り当てることが少なくありません。このように、既存の入試では不利になってしまうみなさんにこそ、選抜入試を活用してもらいたいのです。

しかし一方で、世の中には情報格差というものも存在します。選抜入試の最新情報や効率的な攻略法などの情報は、往々にして逆転の必要のない、いい学校やいい予備校に通うエリートの元に集まりがちなのです。そこで、一人でも多くの方に選抜入試についての十分な知見を持ってほしい、その上で大学受験に臨んでほしいと思い、『選抜入試の教科書』を企画しました。

本書の読者のみなさんが一人でも多く、選抜入試について深く理解し、大学受験を通じて自らの可能性を開けるようになることを願っています!

『選抜入試の教科書』企画者　西岡壱誠

付　録

合格者の実際の志望理由書

国際基督教大学（ＩＣＵ）

合格者の志望理由書

①ＩＣＵに入学することを強く希望する理由を述べてください。

私は将来「教育」の分野から発展途上国におけるＳＤＧｓ（持続可能な開発目標）を実現させるために国際基督教大学教養学部に入学したい。私は中学生の頃に社会科の授業を通じて、国連が世界の目標として掲げているＳＤＧｓがあることを知り、それが特に必要である発展途上国の開発に貢献した仕事に興味を持った。次第に現状の一方的な開発では、社会を根本的に変え、持続させることができないと考えるようになり、将来「教育」という分野から現地の人々の意識を変革させ、ＳＤＧｓを実現させたいと考えるようになった。私の目標を実現させるためには貴学のリベラルアーツ教育が不可欠だ。ＳＤＧｓには17の目標があり、それらは社会、自然などの多様な分野から構成されている。同様に、人々の意識を変革させる「教育」にも、人権教育や環境教育などの多くの専門分野がある。したがって、どの分野を自分の専門とするか決める際には幅広い学問に触れる必要がある。貴学には31の学域があり、2年次に専攻を決めるまでに興味のある科目の授業を自由にとることができる。こうした貴学での広く、深い学びがSDGsに取り組む上で不可決であると確信し、貴学への入学を希望する。

最初から最後までしっかりSDGsでテーマが一貫していて、ここまで見てきた「一貫性」をしっかり使いこなせています。

②ICUで何を学んでみたいですか。あなた自身の希望をその理由も含め述べてください。

私が現段階で考える学びたいことは発展途上国における人権の教育についてである。なぜなら、現在世界で起こっている多くの問題は人権と関係があるからであり、またSDGsも同様にほとんどが人権に関係した目標であるからだ。したがって、人権という概念を教育することができれば、SDGsの認識もされやすくなり、SDGsに取り組もうという意識が人々の間で生まれると私は考える。しかし、発展途上国のように教育を受けてきていない人々に人権という概念を教えることは難しい。そこで私は貴学で哲学と教育からこのテーマについてアプローチしたいと考える。哲学では普遍的な人権について研究したい。なぜなら、現在ある多くの人権は西洋にルーツを持つものが多いため、そのままの人権を教えるのでは西洋の価値感を押しつけることにつながるからだ。したがって、私は世界に多く存在している文化、宗教から人権として共通するものを見つけ、それに基づいた普遍的な人権教育をすることが大切だと考える。貴学ではそのような多様性を持った学生、教授と対話して学びを深められるため、その機会を活用し共通性を見つける手がかりにしたい。教育学では、教育を受けていない人にどのようにして人権を教育するのか、また人権の教育は持続可能な社会の開発につながるのか研究したい。「持続可能なリテラシー」という面から教育を研究されているランガガー・マークW上級准教授の元で研究し、人権教育の在り方や方向性を明確にしたい。

実際の大学教授の名前などを出して、具体的な学びのイメージを持っていることを伝えるのは効果的です。

③あなたを学生として受け入れることがICUにとって重要であると思われる理由を述べてください。

私には、どんな相手にも対等に接する力と、主体的に学び得たものを周りに発信する力がある。前者については高校で所属した剣道部で養うことができた。剣道では性別、年齢に関係なく互いに切差琢磨し合いながら練習できる環境があったため、先生や先輩のみならず、後輩から教わることも多くあった。したがって、どんな相手の意見も尊重する態度を身につけることができた。後者についても同様に高校で所属したESS部で発揮させることができた。ESS部では「日本の移民政策を緩和させるべきか否か」という議題で英語ディベートを行った。準備期間の際に、部活内だけでは発想が狭くなってしまうと思い、より批判的な発想を得るために専門家との対話を求めた。そこで、県内の短期大学で「移民」を専門とする教授と議題について対話する時間をいただいた。この対話から、自分や部活内では得られなかった発想を多く学ぶことができ、それらを部活内で発信したからこそ、チームで県大会に準優勝し、全国大会に進出することができた。

私は将来、教育に携わる仕事に就きたいと思っているため、貴学のサービス・ラーニングで現場での実践経験を積みたいと考えている。相手と対等に接することができる私は現地の人々とすぐに結びつき、彼らから真摯に学び得ることができる。そうして得たものを授業内で他の学生や教授に発信する主体的な学習者となり、貴学の学問水準を向上させることを約束する。

「学問水準を向上させることを約束する」という言い回しは、「ICUにとって重要であると思われる理由」の回答として有効なものだと言えるでしょう。ぜひ使ってみてください！

早稲田大学　社会科学部

合格者の志望理由書

私が高校生活で力を注いだことは英語力向上と探究活動だ。高校では英会話部に所属し英語スピーチコンテストに参加した。応募した4回の大会全てで決勝大会に進めたことは、私の誇りだ。大会では同世代から新しい考えを学び、新たな人脈作りができた。そして、富山から広い世界に出て学びたいという気持ちが強くなった。その思いを発表した最後の大会では優勝でき最高の形で締めくくれたと思っている。また、英語の資格取得にも意欲的に取り組んだ。大学では英語力向上と同時に複数言語の習得にも挑戦したい。豊富な英語プログラムと留学生との交流、海外留学を通じて世界的な視野を持って社会に貢献できる人間に成長したい私は、現在、○○高校人文社会科学科に在籍している。この学科では、2年半かけて探究活動に取り組む。私の班は世界平和について探究した多方面から情報を集め様々な意見を交わしながら結論を導き出す。探究活動は、実に有意義な学びの時間だった。貴学の社会科学部は幅広い分野を学び考えることで知見を広げ、実際に行動することで問題を深く追究し、世界中から集う仲間と共に学べる、私が理想とする場所である。価値観の違いは人と人とを隔てる障壁にされがちだが、多様な文化や価値観の応酬は視野を広げるものだと思う。私は富山県で育んだ自分の価値観と高校生活で培った経験を大切にし、貴学の多様性の一翼を担いたい。貴学のガイドブックに「君たちが世界だ。世界を作るのは君たちの言葉だ。」とある。私が身に着けたいのはまさに言葉による発信力であり、自分を成長させられる場所は貴学であると確信した。私の長所は、目標に向かって突き進む熱意と行動力だ。言葉で社会を、世界を動かせるように、そして複雑な未来に希望の活路を見出だす人間となれるように、私は早稲田大学社会科学部で学びたいと切望している。

「ガイドブックにこんな言葉が書いてあった」など、実際に大学が発信している言葉を引用するのは使えるテクニックです。ぜひ取り入れてみてください。

中央大学　法学部　政治学科　パブリック部門

合格者の志望理由書

①出願する部門に即して、将来、あなたが実現したいことや実行したい業務・プロジェクト等について具体的に説明してください。（1000字以内）

私は日本により多くの難民移民を受け入れ、多文化共生社会を実現させたい。そのために難民移民の政策を補助するためNPO、NGO団体といった民間団体の活動の推進を行い、より難民移民の生活をサポートする団体の質を上げたい。私は高校時代にNGO団体ルミチャーを設立して難民学校で子供達の教育支援や、プロジェクトの一環として在日外国人が抱える悩みを聞いてサポートする活動を行った。現状では難民移民の健やかな生活は保障されていないことを知った。問題の1つに難民移民の劣悪な雇用環境が挙げられる。労働基準法に違反する企業も日本に多数存在する。厚生労働省の技能実習生の実習実施者に対する監督指導、送検等の状況によると、労働基準関連法令に違反していた企業は約70%に上るとされている。この数値から、難民移民の雇用環境が劣悪であることがわかる。特に、労働時間の違反事例が最も多く確認されていた。私がNGO団体の活動で、実際に悩みを聞いた在日ビルマのロヒンギャ難民のアウンティンさんと移民のアリさんが過去に働いていた工場では1日に10時間以上の労働を強いられていた。これは労働基準法で定められている1日8時間の労働時間を超えていて違反している。

そのような場合、専門的な視点や知見を持っているNPO、NGOといった民間団体の存在が助けになると考えられる。政府に大きな優先事項を任せつつ、専門性に合わせて特定の課題に対応できる民間団体に助成を行って「分業化」を図る方法が有効である。民間団体が政府とタッグを組んで問題にアプローチすることで難民移民が抱える問題を専門分野から解決に導くことが可能になる。さらに、政府とタッグを組むことで政府からの資金提供、情報共有に加え、政府とのつながりにより政策に対する働きかけを行う機会も得られる。これらのことから、民間団体が政府とのつながりに利点があるということは容易に理解できる。一方で、政府が協力を求める理由は一見明白ではないかもしれない。しかし政府は民間団体と協働することで、人材、知見、現地のネットワークなどを多大なコストをかけて1から築かずに事業を実施できるのである。これらの現状を踏まえて私はNPO、NGOといった民間団体と政府がタッグを組みながら難民移民の政策を提案し、実行することを推進させたい。さらに日本での難民移民の受け入れ数を増やして共に共生することができる多文化共生社会を目指したい。

②「私の夢」を実現するために、中央大学法学部で何を学び、どんな学生生活を送りたいと考えているか、

実現可能性に留意して具体的に説明してください。（1000字以内）

私は、団体と政府がタッグを組むことで団体の活動を推進させ、難民移民政策にアプローチできる社会にしたい。これを実現するためには中央大学法学部政治学科での幅広い教養と深い専門的知識を身に着ける学びが必要不可欠である。まず1、2年次に北村泰三教授の元で国際的な視野から日本の難民受け入れ状況が抱える問題、そしてその改善をするための法的、政策的な取り組みについて学びたい。そして3、4年次にNPO・NGO論の授業で、全国的に有名な認定NPO法人などでリーダーを務める方をゲスト講師として招く講義で積極的に発言してNPO、NGO、NPCの理念、現場の事情などについて理解したい。また在学中に自身が代表を務めているNGO団体をNPO法人化するために講義で学んだことを活かして、NPO法人の理念などを見直しよりよいものにしたい。さらにニックス・マイケル教授のゼミに参加し、難民や移民などのマイノリティ化されてきた人々の差別問題、貧困問題について研究を行いたい。私はマイノリティを含めた文化を尊重し、共生できる社会を目指しているので、平等を推し進める活動を行いたい。また、このゼミに参加することで中央大学の学生、他団体からの学生と交流ができるのでさまざまなバックグラウンドを持つ学生と共に学びイベントを開催したい。私が代表を務めているNGO団体が主催するイベントには国際問題に関心を持つ高校生が多く参加していたことから本ゼミの学生とNGO団体による共同開催のイベントを企画したいと考えている。そして国際問題に関心がある高校生と大学生が交流できる学びの場を提供したい。

課外活動としては貴学法学部独自のプログラム、国際インターンシップに参加したい。このプログラムでスイスのILOを訪問して日本における移民の劣悪な労働環境について、その解決策について研究を行いたい。その他にも外務省で民間援助連携室に勤務している方にインタビューを行い、日本のNGO、NPOと政府の関係性についてより深く学びたい。

これまで私は難民問題解決に貢献する為にNGO団体を設立して、イベントを開催して行動してきた。私は中央大学の伝統的な建学の精神に共感し、中央大学に入学してさらに「行動する知性」を養いたいと考えている。卒業後は外務省の民間援助連携室に勤務したいと考えている。そしてNPO、NGO団体が政策を提案して声が通りやすい社会にしたい。以上により私は貴学を強く志望している。

③出願する部門を念頭に置いて、あなたの性格と強み・弱みを説明してください。（800字以内）

私の強みは逆境に負けない心である。中学時代は3歳の頃から続けていた新体操に没頭していた。当時の私は新体操に人生をかけると信じて疑わなかった。中学3年の秋に摂食障害を経験し、新体操を続けることを断念した。そこで人生で初めて挫折を味わった。高校に進学して新体操という希望を失い無気力になってしまったことは私の性格の弱みである。しかし高校2年の頃新型コロナウイルスの影響でオンライン授業が主流となったことが転機となって、人と話すことが好きな私は多くの人と会話したいと考えた。挫折を経験したが立ち直り、逆境に負けずに思い立ってすぐ行動した。オンラインを利用して全国の高校生とつながり、現代社会が抱える問題について議論を行う場を提供するNGO団体を自身が代表として立ち上げた。団体では自分の性格の強みである主体性を活かして活動することが出来た。オンラインでディスカッションイベントを開催し、参加者は100名を超えた。英語を使用したイベントにはマレーシア、フィリピン、シンガポール、モロッコ、フランス、インド、香港からの参加者が集まった。それぞれの考えを語り、学びを深めてコロナの時代であっても国境を越えてつながることが出来た。さらにメンバーを自身のプロジェクトに巻き込み、難民支援を開始した。このプロジェクトはテレビにも取り上げられる活動となった。そして代表としてBSフジテレビや、日本テレビのディレクターの方とコミュニケーションをとりながら取材を受けた。多くの人と話すことで、私は高いコミュニケーション能力を身に着けた。そしてこれらの活動を通じて行動力や積極性を高めた。一方で私の性格の弱みは優柔不断という点である。団体にて決めごとをする際、優柔不断ですぐに決断することが出来ず考えすぎてしまうことがある。しかしだからこそ、物事を論理的に考えて判断することが出来た。また代表として常に全体を俯瞰して双方の視点から物事を考えることが出来た。

④出願する部門を念頭に置いて、あなたがこれまでに実践してきたこと（課外活動を含む）を具体的に記載し、そこからあなたが何を得たかについて説明してください。

（1000字以内）

私は英語のイマージョン教育を推進している学校に12年間通っている。高校2年からは国際バカロレアコースに進学し、多国籍な先生方と世界的な視野で授業を受けることで世界情勢への関心が高まった。そこから文献調査を行い、難民移民問題に関心を持った私は3つ活動を開始した。

1つ目は日本の難民移民政策に関心を持ったことから日本若者協議会の会員になってイベントに参加した。他にも元外務大臣の玄葉光一郎氏にインタビューを行い難民移民政策の責任者として決断するときに感じたジレンマについての質問をした。ジレンマの影響で積極的に受け入れる体制を国内で実現出来なかったことがあるということを知った。さらに、JICAの群馬デスクを訪問して難民移民の問題について学んだ。国外の政策にも興味を持った私は、難民移民を多く受け入れているマレーシアのマハティール元首相に難民移民についての質問をした。そこで教育政策にある不十分な教育の問題を知った。

2つ目の活動としてNGO団体ルミチャーを設立して、議論を行うことができる学びの場を提供した。議論は学びを深め、意見を取り入れることができたが実際にアクションを起こさなければ社会の現状は変わらない。

そこで3つ目の活動として在日外国人が抱える悩みを聞いてサポートする活動を行った。

難民移民の生活の現状や、劣悪な労働環境について知ったことでNPO、NGOといった団体の必要性を学んだ。さらにマレーシアの難民学校の生徒にオンラインで授業を行う支援活動を開始した。難民学校の校長先生とミーティングを重ねて長期的な支援を必要としていることを知って長期的なオンライン上での教育支援活動を開始した。生徒の学習意欲は高く、初めは消極的だった生徒も積極的に発言するようになった。私は生徒達の成長に感動した。この経験を世間に伝えるべく松下政経塾主催の松下幸之助杯スピーチコンテストに応募し倍率24倍を突破して全国大会へ出場した。「教育がもたらす子供たちの無限の可能性」をテーマにスピーチを行った。審査員の東京工業大学名誉教授の橋爪大三郎教授に問題を発見し、活動する力についてお褒めの言葉をいただいた。これらの活動から問題を発見し、解決の為にオンラインを利用してコロナの時代であっても諦めずに自分が今出来ることを模索して実行に移す、行動力を得た。これを機に、社会に価値を生み出す活動に力を入れ、難民移民問題を解決したいと強く思った。

⑤出願する部門の最近（過去5年程度）**の課題や出来事を取り上げて、あなたが問題だと思う点を説明するとともに、**

考えられる政策や対応策を提案してください。（1000字以内）

難民移民が日本社会で暮らしていくには、日本社会に統合するべきという考えが主流である。日本社会に難民移民が馴染みやすくする体制を作ることが大切であることは事実である。しかし、難民移民を日本に統合して、日本に合わせるべきであるという考え方には問題があると私は考えている。理由は、この考え方はマイノリティである難民移民だけが同化して日本人は何も変わらないことからマイノリティに対する強要とも捉えることが出来るからである。

難民移民にも独自の文化がある。私がNGO団体でプロジェクトの一環として行ったマレーシアの難民学校の生徒たちに英語を教える活動で授業中に文化について話し合うことを行った。その際に、難民の子供達はマレーシアの文化ではなく、自分達が元々住んでいたミャンマーのチン州での文化について話していた。難民としてマレーシアで暮らす今も故郷の文化を大切にして一生懸命に説明する姿を見て私は日本でも、多文化共生社会を実現させたいと考えるようになった。

日本で多文化共生社会を実現する為にはさまざまな問題を解決する必要がある。内閣府が行った在日外国人に関してどのような人権問題が起きているかという世論調査で41・3％が「風習や習慣等の違いが受け入れられないこと」と回答していた。難民移民を受け入れ共に社会を作っていくためにはお互いの風習や文化等の理解が必要である。難民や移民などの外国人への理解がなかった場合、差別が起きてしまう可能性につながる。このことから、日本国民の難民や移民に対する意識に課題があると考えている。政府だけで難民移民問題に取り組むのではなく、難民移民の生活を保障するには、地域住民1人1人の理解とサポートが必要になる。文化を保ち、お互いを尊重しながら、共生できる姿を実現させるにはNPO、NGOといった団体が自治体とタッグを組みながら地域ごとで異文化理解を進めていくべきである。

そして、他民族国家アメリカにある「人種のサラダボウル」のコンセプトを日本でも実現させることが必要である。「salad bowl」（サラダボウル）は多文化主義であり、それぞれの文化が共存してはいるものの混じり合うことはない状態を表した社会のことを言う。「混ぜても決して溶け合うことはない」という意味から、共通文化を形成していく状態を示している。全てのマイノリティを含めた文化を尊重し、共生できる姿こそが私の目指す日本社会の未来である。

注目すべきは、5つの項目全てで難民移民の問題に触れているということです。「共生」という全てに一貫したテーマを作ることで、アピールを行っています。このような形でテーマの一貫性を持たせることは重要だと言えるでしょう。

日本女子大学 人間社会学部 社会福祉学科 総合型選抜

合格者の志望理由書

①主体性・多様性・協働性を意識して取り組んだ経験について
（自己アピール）

今までに学校の内外で、主体性・多様性・協働性を意識して取り組んだことを取り上げ、その内容とそれをとおして学んだことについて具体的に記入してください。（1000字前後）

私は高校時代に難民、移民や在日外国人が生活する上で抱える労働と教育問題の解決策を導くため、主に3つの活動を行ってきた。

まず1つ目の活動として、オンラインを活用して全国の高校生と協力し、NGO団体ルミチャーを代表として立ち上げた。そこで現代社会が抱える問題について学生が議論を行うイベントを開催した。参加者は計100名を超えて、英語でのイベントにはマレーシア、フィリピン、シンガポール、モロッコ、フランス、インド、香港からの参加者が集まった。議論を通じてコロナ禍であっても国境を越えてつながることが出来た。そして難民移民や在日外国人が抱える問題に関心を持った。しかし、実際に行動しなければ社会の現状は変わらないことを知った。

2つ目の活動は、難民移民を含めた在日外国人が抱える悩みを聞きサポートして、在日外国人を取り巻く劣悪な労働環境を知った。厚生労働省の在日外国人に対する監督指導の状況によると、労働基準関連法令に違反していた企業は約70%に上るとされている。特に労働時間の違反事例が最も多く確認されていた。実際に悩みを聞いた難民のアウンティンさんと移民のアリさんは過去に工場で1日に10時間以上の労働を強いられていた。これは労働基準法で定められている1日8時間の労働時間を超えている。これらを改善しようと活動しているのは主にNPOやNGOといった民間団体である。活動から難民移民の生活の現状や、劣悪な労働環境について知ったことで民間団体の必要性を学んだ。

国内だけではなく3つ目の活動ではマレーシアの難民学校にオンライン上での教育支援活動を開始した。活動はBSフジテレビや、日本テレビに取り上げられて代表として取材を受けた。代表として主体的となって行動したこの経験を世間に伝えるべく松下政経塾主催のスピーチコンテストで倍率24倍を突破して全国大会へ出場した。これを機に、社会に価値を生み出す支援に力を入れたいと思った。

これらの活動から難民移民、在日外国人が生活する上で抱える問題について学ぶことが出来た。コロナの時代であっても諦めずに自分が今出来ることを模索して実行する、行動力を得た。一方で問題解決するには、在日外国人の社会保障制度、日本の難民移民の受け入れ政策や労働法などについての専門的な知識が必要になる。国際社会福祉制度について学び、難民移民を含めた在日外国人が自立した生活を送れるような支援を行いたい。私はこれらの知識を身に着けて、将来NPO法人の代表として難民移民問題を解決し、生活の支援を続けて共生社会を実現させたいと強く思った。

②志望理由　あなたがどのような理由により日本女子大学の本学科を志望するのか具体的に記入してください。（1000字前後）

私は、難民移民を含む在日外国人の生活を保障して共生社会を実現させたい。この志を達成するために貴学人間社会学部社会福祉学科で専門的知識を身に着けて、公共政策、福祉文化、人間関係などの広い視野から福祉を学びたい。

1年次には福島浩治教授の国際協力・ボランティア論の授業で、国民の異文化理解のために国際協力やボランティアのあるべき姿について検討して人権問題を解決に導きたい。内閣府が行った在日外国人に関する人権問題についての世論調査で41・3％が「風習や習慣等の違いが受け入れられない」と回答していた。共生社会実現のために互いの風習や文化等の理解が必要であることから国際協力やボランティア団体が地域で異文化理解を進めていくことが効果的であると考えている。しかし、現状では実現していない。そこで、国際協力やボランティアのあるべき姿、社会関係のあり方を再検討したい。

2年次には周燕飛教授の労働経済論Ⅱの授業にて労働経済学の理論を基礎から学び、日本が抱えている労働力不足問題を解決に導く方法を模索したい。日本は「超高齢化」国で、総人口に占める65歳以上の割合が28・4％となっていることから、若い労働力を必要としている。そこで、難民移民を積極的に受け入れて若い優秀な労働力を獲得することが効果的であると考えられる。実際チリで難民移民をより多く受け入れる政策が行われ、経済成長と生産性が高まった。これを踏まえて先生の下で改革の方向性を理解し、経済学も用いて労働問題を合理的に考え解決法を模索したい。

3、4年次には沈潔教授のゼミに入会し、国際社会福祉の基礎理論を学んでから卒業研究を行いたい。先生は日本の社会保障制度や海外保障制度などの知見をお持ちのため、難民移民を含めた在日外国人が抱える問題とその支援制度についての研究を行いたい。在日外国人が抱える社会保障制度に対する問題解決と支援に取り組んで共生社会を実現させたい。

課外活動として、高校時代に設立したNGO団体をNPO法人化して在日外国人が抱える教育問題、労働問題の解決をサポートしたい。解決に導くには法や制度、政策の理解はもちろん、解決の為の専門知識が必要である。これらを総合的に学習する事ができる、貴学人間社会学部社会福祉学科での学びが必要不可欠である。貴学での学びから、難民移民問題という現代社会が抱える問題解決にむけてフレキシブルな感性を身に着けたい。卒業後は日本人女性代表として共生社会を目指し、難民を含めた在日外国人が抱える生活での問題を解決に導く人材になることを目指している。以上により私は貴学を強く志望している。

かなり具体的に、1・2年でこんな活動をしたい、3・4年でこの授業を受けたい、ということを明確にしています。これくらい具体的に大学入学後のイメージを共有することで、評価が高くなる可能性もあると思います。

学習院大学　国際社会科学部　総合型選抜

合格者の志望理由書

私は将来、難民や移民が抱えている差別問題や労働問題を解決に導きたいと考えている。この志を達成するために、貴学国際社会科学部で社会科学の分野を国際的な視野から学んで難民移民問題の解決法を模索したい。

私は英語イマージョン教育を推進している学校に12年間通っている。高校2年からは国際バカロレアディプロマコースで多国籍な先生方と世界的な視野で授業を受け、世界情勢への関心が高まった。そこで私はＮＧＯ団体ルミチャーを自身が代表として設立した。英語力を活かして異文化交流や、現代社会が抱える問題について話し合うオンラインイベントを開催した。イベントで難民移民が抱える教育の問題を知ったことから、マレーシアの難民学校で子供達の教育支援を行った。

さらにプロジェクトの一環として在日外国人が抱える悩みを聞いてサポートする活動を行った。問題の1つに難民移民の劣悪な雇用環境が挙げられる。厚生労働省の技能実習生の実習実施者に対する監督指導、送検等の状況によると、労働基準関連法令に違反していた企業は約70％に上るとされている。この数値から、難民移民の雇用環境が劣悪であることがわかる。私がＮＧＯ団体の活動で、実際に悩みを聞いた在日ビルマのロヒンギャ難民のアウンティンさんと移民のアリさんが過去に働いていた工場では1日に10時間以上の労働を強いられていた。これは労働基準法で定められている1日8時間の労働時間を超えていて違反している。

これらの活動から、難民や移民が抱えている問題を解決したいと考えるようになった。難民移民問題という地球規模の問題解決のために貴学で国際的な視野から社会科学の分野を学び、幅広い知識を身に着けることが必要不可欠である。

まず1、2年次に脇坂明教授の下で労働経済学の基本を学び、日本が抱えている労働力不足問題を解決に導く方法を模索したい。日本は「超高齢化」国で、総人口に占める65歳以上の割合が28・4%となっていることから、若い労働力を必要としている。そこで、難民移民を積極的に受け入れて若い優秀な労働力を獲得することが効果的であると考えられる。実際チリで難民移民をより多く受け入れる政策が行われ、経済成長と生産性が高まった。これを踏まえて先生の下で改革の方向性を理解し、経済学も用いて労働問題を合理的に考え解決法を模索したい。さらに3、4年次には大学院生と共に移民、外国人労働者の労働問題について学びたい。

さらに私は日本でより多様性が認められるような社会を実現させたいと考えている。そこで私は桐山大介教授の下で「他民族国家」アメリカについて研究を行いたい。そして、他民族国家アメリカにある「人種のサラダボウル」のコンセプトを日本でも実現させたいと考えている。「salad bowl」(サラダボウル)は多文化主義であり、それぞれの文化が共存してはいるものの混じり合うことはない状態を表した社会のことを言う。「混ぜても決して溶け合うことはない」という意味から、共通文化を形成していく状態を示している。全てのマイノリティを含めた文化を尊重し、共生できる姿こそが私の目指す日本社会の未来である。

これらの学習を得たうえで、貴学独自の海外研修では協定外留学であるカリフォルニア大学へ中期留学したいと考えている。留学中は、グローバルスタディーズを専攻して多民族国家や、異文化を理解するためのメカニズムなどを学びたい。そして将来的には、現在自身が代表として活動しているNGO団体を法人化してさらにJICA青年協力隊の一員として難民問題を解決に導きたい。以上により私は貴学を強く志望している。

具体的な人物名まで挙げることで、活動が口だけのものではなく、きちんと実績のある活動であることがわかりますね。具体的に自分の実績をアピールする手段として参考にしてもいいと思います！

※英文の志望理由書は221ページへ

the relationships of countries, and it is a popular way for Chinese people to learn about Japanese culture.

JCULP is the ideal place for me to pursue my goal. My ambition is to learn about Japanese literature with diverse perspectives and to find routes, which can promote more exchanges of Japanese literature. I would like to find ways to create "The second Golden Age." The class of learning eastern Asia cultures with global perspectives is also attractive to me. Translated Japanese literature to English, Critically Theory, are all classes held by professor Pau Pitarch-Fernandez, and learning about comparative literature under him will be a great help to achieving my goal. The class to research about the various translations of Japanese literature is also what I want to take. For me JCulP is the most desirable place to study and personally develop.

To improve Japanese and Chinese impressions of each other is not an easy thing, but I would like to work hard to improve that. I do not want to see the Anti-Japan demonstration again. Therefore, I hope to enter JCulP, the perfect place for me to develop and work hard to pursue my ambitions.

tural exchange that will help the relationship of these two countries. I like Japanese culture, including its food, history, custom and more. However, at that time, I had no idea about literature.

According to a joint survey conducted by Genron NPO and China international publish group, the percentages of Japanese and Chinese who do not have good impression of each other is still very high, and it is difficult to say the Japan-China relationship is in a good situation. In fact there was a period when the relationships of Japan and China were far better than now, and it is always called "The Golden Age", which was the period after the normalization of Japan-China diplomatic relations, in the 1980s. There were many reasons that the two countries were able to achieve a friendly relationship, but I think Japanese literature did play one of the most important roles. "The Golden Age" came soon after the first foreign book which was translated and published in China. The name of that book is "Point and Line" written by Matsumoto Seichou, and after that, "Kimiyo Fungano Kawayo Hakadore" the novel written by Nishimura Jukou was opened to the public as a movie, and earned a high reputation in China. I do not believe it is a coincidence. Literature actually has a power to improve cause of that, China is an important country for me as well as Japan. A large number of people gathered in front of the Japanese Embassy. Shortly after that, they became riots and began attacking the Japanese Embassy. The Japanese government announced all Japanese people not to go out. Although many Japanese people stayed inside, it was impossible for me to do so because my living area was designated for Chinese people. I had to pretend to be Chinese to protect my life. My neighbor who believed I was Chinese asked me to attend the anti-Japan demonstration, and I was frightened that if I refused their invitation, they would doubt my patriotism. As a result, I participated in the demonstration with indescribable feelings.

For me, the Anti-Japan demonstration was a shocking event, and after that I began to search for ways to change the negative attitude between two countries. I read a lot of books about the Japan-China relationship, not only Japanese books but also Chinese books. I found one idea from the book “Japan-China Relationships” written by Mouri Kazuko, an honorary professor at Waseda University. She said “To improve the Japan-China relationship, non-government communications are necessary.” It gave me an idea: to create chances to share cultures and to promote cul-

早稲田大学　文化構想学部
国際日本文化論プログラム（JCulP）

合格者の志望理由書

Literature has the power to change relations between countries, and I believe that is one of the most important parts of international relationships, I would like to research the effects of literature on international relationships in Global Studies in Japanese Cultures and learn how I can share Japanese culture and literature with people in other countries to show them the strong points of Japan. From my experience of an Anti-Japan demonstration, I realized the difficulty in creating close friendly relationships, so I would like to change the situation and I believe literature will play an important role in this process.

On September 18th, 2012, the largest Anti-Japan demonstration was conducted in China. It occurred in over 110 cities and demonstrators has evolved into a mob of the large-scale destruction and looting. The largest one is in Beijing which I faced instant. I am Japanese, but both my parents are from China. Moreover, I used to live in Beijing, and I have valuable memory with my friend in China. Be-

どこに住もうとしているか答えなさい。

I am planning to live in an international education residence.

Because I want to communicate with exchange students in Chuo University and it is possible to have international exchange in our daily life.

8 好きな本を教えてください。

My favorite book is "Never let me go" written by Kazuo Ishiguro. This book is about the cloning system. The organ donation is promised on the idea that the clones owe their lives to society, and clone should be prepared to sacrifice. I think this is related to discrimination issues and the human rights so while I was reading, I was thinking.

難しい表現ができるかどうかではなく、簡単な英語でもいいので、聞かれたことに対してしっかり答えられているかが評価されます。英語の回答で注意すべき点が見事にクリアできています。

My strength is that I could take initiative. I showed my initiative skills during the activities in the NGO. However, sometimes I was being an indecisive person when I had to make a decision because I was thinking about both the merits and demerits too much. But I was able to think from both perspectives and think logically before I made a decision.

6 あなたの世代に取って重要だと思うイシューを１つ挙げなさい。また、なぜそう思ったのか述べなさい。

One issue that is important for our generation is the lack of cross-cultural awareness in Japan. I think this is an important issue for our generation because globalization is expanding in various aspects of society. In my personal experience as a representative of an NGO, I've been supporting many refugees and foreign residents of Japan. They had an experience of facing discrimination. I strongly thought that I wanted to support them. Our generation must change this situation. Deepen understanding of different cultures and aim to globalize.

7 大学に通うにあたって

actually talking to people with different backgrounds you can realize the stereotypes you may have towards someone and gain a wider perspective of the world.

During activity to support foreign residents, I recognize their rough working conditions. From this I thought I want to solve the issues of discrimination occurs between different culture.

4 課外活動について述べてください。
（生徒会活動・クラブ活動・ボランティア活動等、具体的に）

I set up an NGO as a representative and I provide an opportunity for people to have discussions about social issues. Also I did educational support for people to learn about Malaysia's refugees by using online. Because I wanted people to learn about Malaysia's refugee students I participated in a speech contest of Matsushita Institute of Government and Management. From these activities I got interested in educational issues and as an intern of Voice Tube company I work for advising the project.

5 自分の性格や能力について自己分析してください。

2 卒業後に希望する進路について述べてください。

My future career is to work at the position of NGO co-operation division at the Ministry of foreign affairs of Japan. To support refugees and immigrants, I want to promote the activities done by private organizations and governments. I think that it is better to form a partnership between governments and private organizations because the possibility these two communities hold are very different. For example, the government can work towards law amendment while organizations can stand from a technical point of view and spread the facts of immigrant problems.

3 異文化との出会いについて、あなたの経験から感じたこと・考えたことを述べてください。

I held cross cultural online discussion events at the NGO by using my English ability which was cultivated in IB course. Over 100 people from various countries joined our event. I learned how important it is to provide an opportunity for people in Japan to join cross cultural events. I think that it is essential for people to join such events because by

In Chuo university, there are many opportunities and choices to learn, so it is the best place to study, especially for the students who are full of enthusiasm. Currently I have been acting to solve the issues of refugees and immigrants. I have enthusiasm to learn so I am thinking that Chuo University is the best university to spend 4 years. Through 4 years of life in Chuo University I want to grow out my "Can Do" spirit and spirit of "Knowledge into Action."

When I get accepted into Chuo University I want to study from the perspective of jurisprudence and politics to ameliorate the acceptance of refugees in Japan. And I want to study about the issues of discrimination and human rights issues against refugees and immigrants. Also I want to learn about the theory of NPO and NGO, because in the future I want to promote their activities more.

I think it is better to Governments and private organizations to form a partnership to divide labor and improve the quality of support activities because it will be more possible to solve the issues which require more expert knowledge to solve. Since private organizations have more expert knowledge so Governments and private organizations should form a partnership.

中央大学　法学部
英語運用能力特別入試

合格者の志望理由書

1　本学部を受験した理由を述べてください。
（海外在留経験がある場合はそれをふまえて）

I applied to Chuo University Faculty of Law Department of political science because I want to face the labor and acceptance issues of refugees and immigrants from the perspective of jurisprudence and politics. During my high school life, I set up an NGO called Lumiture, and did some activities such as providing educational support to refugee children by using online and supporting the daily life for immigrants in Japan. However, throughout these activities I realized that although many NGOs and private organizations try to offer as much support as possible, there is a limit to the support we can offer as an individual. This is why, if I could get the chance to study at Chuo University, I would like to study the way to develop the partnership between governments and private organizations and form a more sustainable and effective way to solve the problems of immigrants and refugees.

選抜入試《せんばつにゅうし》の教科書《きょうかしょ》

二〇二三年八月二一日 第一刷発行

著者 クラウドセンバツ

発行者 太田《おおた》克史《かつし》
編集担当 片倉《かたくら》直弥《なおや》
企画 西岡《にしおか》壱誠《いっせい》

発行所 株式会社星海社
〒一一二-〇〇一三
東京都文京区音羽一-一七-一四 音羽YKビル四階
電話 〇三-六九〇二-一七三〇
FAX 〇三-六九〇二-一七三一
https://www.seikaisha.co.jp

発売元 株式会社講談社
〒一一二-八〇〇一
東京都文京区音羽二-一二-二一
（販売）〇三-五三九五-五八一七
（業務）〇三-五三九五-三六一五

印刷所 凸版印刷株式会社
製本所 株式会社国宝社

アートディレクター 吉岡《よしおか》秀典《ひでのり》（セプテンバーカウボーイ）
デザイナー 榎本《えのもと》美香《みか》
フォントディレクター 紺野《こんの》慎一《しんいち》
校閲 鷗来堂《おうらいどう》

ISBN978-4-06-532902-3
Printed in Japan

269
SEIKAISHA SHINSHO

次世代による次世代のための

武器としての教養
星海社新書

星海社新書は、困難な時代にあっても前向きに自分の人生を切り開いていこうとする次世代の人間に向けて、ここに創刊いたします。本の力を思いきり信じて、みなさんと一緒に新しい時代の新しい価値観を創っていきたい。若い力で、世界を変えていきたいのです。

本には、その力があります。読者であるあなたが、そこから何かを読み取り、それを自らの血肉にすることができれば、一冊の本の存在によって、あなたの人生は一瞬にして変わってしまうでしょう。思考が変われば行動が変わり、行動が変われば生き方が変わります。著者をはじめ、本作りに関わる多くの人の想いがそのまま形となった、文化的遺伝子としての本には、大げさではなく、それだけの力が宿っていると思うのです。

沈下していく地盤の上で、他のみんなと一緒に身動きが取れないまま、大きな穴へと落ちていくのか？　それとも、重力に逆らって立ち上がり、前を向いて最前線で戦っていくことを選ぶのか？

星海社新書の目的は、戦うことを選んだ次世代の仲間たちに「武器としての教養」をくばることです。知的好奇心を満たすだけでなく、自らの力で未来を切り開いていくための〝武器〟としても使える知のかたちを、シリーズとしてまとめていきたいと思います。

2011年9月

星海社新書初代編集長　柿内芳文

SEIKAISHA SHINSHO